NCS

중소벤처
기업진흥공단

직업기초능력평가

NCS 중소벤처기업진흥공단
직업기초능력평가

초판 발행   2020년 10월 7일
3쇄 발행   2021년 10월 8일

편 저 자 | 취업적성연구소
발 행 처 | ㈜서원각
등록번호 | 1999-1A-107호
주   소 | 경기도 고양시 일산서구 덕산로 88-45(가좌동)
교재주문 | 031-923-2051
팩   스 | 031-923-3815
교재문의 | 카카오톡 플러스 친구[서원각]
영상문의 | 070-4233-2505
홈페이지 | www.goseowon.com
책임편집 | 정상민
디 자 인 | 이규희

PREFACE

우리나라 기업들은 1960년대 이후 현재까지 비약적인 발전을 이루었다. 이렇게 급속한 성장을 이룰 수 있었던 배경에는 우리나라 국민들의 근면성 및 도전정신이 있었다. 그러나 빠르게 변화하는 세계 경제의 환경에 적응하기 위해서는 근면성과 도전정신 이외에 또 다른 성장 요인이 필요하다.

최근 많은 공사 · 공단에서는 기존의 직무 관련성에 대한 고려 없이 인 · 적성, 지식 중심으로 치러지던 필기전형을 탈피하고, 산업현장에서 직무를 수행하기 위해 요구되는 능력을 산업부문별 · 수준별로 체계화 및 표준화한 NCS를 기반으로 하여 채용 공고 단계에서 제시되는 '직무 설명자료'상의 직업기초능력과 직무수행능력을 측정하기 위한 직업기초능력평가, 직무수행능력평가 등을 도입하고 있다.

중소벤처기업진흥공단에서도 업무에 필요한 역량 및 책임감과 적응력 등을 구비한 인재를 선발하기 위하여 고유의 직업기초능력평가를 치르고 있다. 본서는 중소벤처기업진흥공단 채용 대비를 위한 필독서로 중소벤처기업진흥공단 직업기초능력평가의 출제경향을 철저히 분석하여 응시자들이 보다 쉽게 시험유형을 파악하고 효율적으로 대비할 수 있도록 구성하였다.

신념을 가지고 도전하는 사람은 반드시 그 꿈을 이룰 수 있습니다. 처음에 품은 신념과 열정이 취업 성공의 그 날까지 빛바래지 않도록 서원각이 수험생 여러분을 응원합니다.

STRUCTURE

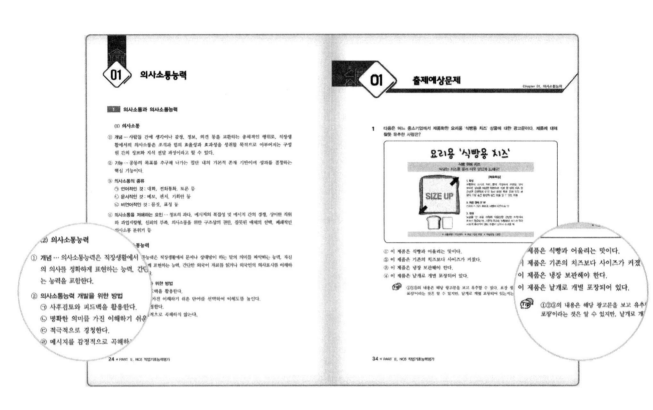

핵심이론 정리

NCS 직업기초능력의 핵심이론을 체계적으로 정리하고 예제풀이를 통하여 유형파악에 도움을 줄 수 있도록 구성하였습니다.

출제예상문제

적중률 높은 영역별 출제예상문제를 상세하고 꼼꼼한 해설과 함께 수록하여 학습효율을 확실하게 높였습니다.

인성검사 및 면접

성공취업을 위한 인성검사와 면접기출을 수록하여 취업의 마무리까지 깔끔하게 책임집니다.

CONTENTS

PART

I

중소벤처기업진흥공단 소개

01 기업소개 및 채용안내

1 기업소개

(1) 경영전략

① 미션 … 중소벤처기업의 경영안정과 성장지원을 통해 국민경제 주역으로 육성

② 비전 … 중소벤처기업 중심 경제 실현을 위한 성공 파트너

③ 핵심가치 … 혁신(Innovation), 현장(Field), 공공성(Public), 신뢰(Trust)

④ 전략목표 및 전략과제

전략목표	중소벤처기업의 혁신성장 촉진	현장 중심 서비스 전달체계 구현	공공성 강화로 사회적 가치 실현	경영혁신으로 국민신뢰 제고
전략과제	• 제조혁신 및 소부장 산업 경쟁력 강화 • 한국판 뉴딜 선도 기업 창업·육성 • 포스트 코로나 대비 원클릭수출 확대	• 서비스 융합형 연계지원 강화 • 디지털 전환 중심의 서비스 혁신 • 수요자 맞춤형 기금 운용 및 관리	• 지역산업혁신으로 지역경제 활성화 • 일자리 창출중심의 사회안전망 구축 • 상생협력 및 재난 안전관리 강화	• 국민체감형 조직·인사혁신 • 참여와 소통 기반 공공혁신 강화 • 윤리·공정경영으로 기관 투명성 제고

(2) 연혁

구분	시기	주요 내용
일자리/소득 주도 혁신성장, 공정경제	2017~	• 혁신성장 지원 • 공정경제 생태계 조성 • 일자리창출 지원
중소기업 선순환 생태계 조성	2013~ 2016	• 중소기업 생애주기별 맞춤형 지원 • 중소기업 글로벌화 및 자생력 강화 • 창업, 벤처 및 재도전 기업 중점지원
新성장	2008~ 2012	• 신성장동력 및 미래성장기반지원 • 종합진단 맞춤연계 강화 • 창업 초기기업육성 • 개발 기술사업화 중점지원
지역혁신	2003~ 2007	• 구조고도화 사업, 주5일제, 청년실업난 해소, 제조업 공동화 방지 등 경제환경 변화에 대응한 신규사업 추진 • 지역혁신 특성화 사업, 시범 Network-Hub, Inno-cafe 운영 등 지역혁신사업(RIS) 참여
IMF체제 극복	1998~ 2002	• IMF 체제에서 직접대출 실시 • 벤처기업지원 중점 추진 • 연간 융자규모 2조원 확대 등 • 2차 구조개선 5개년 계획 추진
신경제 5개년 계획	1993~ 1997	• 신경제 5개년 계획에 따른 연간 1조원 규모의 구조개선 사업 실시(정책자금 공급 규모 대폭 확대)
구조조정 촉진	1988~ 1992	• 공정개선, 정보화, 기술개발, 사업전환, 창업촉진, 대기업 사업 이양, 유휴설비 해외 이전 등 구조조정사업 신규 추진
근대화	1979~ 1987	• 자금, 컨설팅, 연수, 정보제공 사업 등, 중소기업 근대화 사업 중점 추진

(3) 사회적 가치 전략체계

① 비전 ··· 중소벤처기업 중심 경제실현을 통한 사회적 가치 실현의 "First mover"

② 전략목표

    ㉠ 중소벤처 중심의 공정경제 실현

    ㉡ 상생·협력의 포용성장가치 창출

    ㉢ 소통과 청렴기반의 신뢰경영 구축

③ 전략방향 및 전략과제

전략방향	중소벤처기업의 공정경제 생태계 기반 구축으로 기관특화 가치 창출	상생협력 관점의 지원 확대로 동반성장 기반의 지역경제활성화 및 사회형평 제고	국민참여, 소통기반의 기관경영·사업 추진으로 국민만족도 및 신뢰도 강화
전략과제	• 공정경제 기반구축 • 혁신성장 선도기업 발굴·육성을 통한 동반성장 지원 • 사회적 경제기업 지원성과 창출	• 중소기업 수평적 협력의 상생형일자리 추진 • 협력기반 특화지원으로 지역경제 활성화 • 약자 배려 및 균등한 기회 보장을 통한 사회형평 제고	• 참여·개방·소통 활성화로 국민공감 서비스 제공 • 투명·공정 경영으로 국민신뢰 회복 • 안전하고 지속가능한 사회 안전망 구축

2 　채용안내

(1) 인재상 및 인사제도

① 인재상 … 중소기업의 건강과 성공 솔루션

고객의 관점에서 일하는 인재	• 고객의 성공을 지원하고 함께 성장해 나가도록 노력하는 인재 • 현장중심 경영을 통한 고객과 신뢰구축을 위해 노력하는 인재
조직의 화합을 생각하는 인재	• 개인과 조직의 조화와 구성원의 화합을 도모하는 인재 • 다양성을 수용하는 유연한 사고를 가진 인재
끊임없이 자신의 전문성을 키워가는 인재	• 지속적인 자기개발로 자기분야의 최고 수준을 실현하는 인재 • 도전정신을 가지고 변화를 주도해 가는 인재

② 복리후생

　㉠ 종합건강검진 : 전 임직원과 배우자를 대상으로 매년 종합건강검진 시행

　㉡ 경조사 지원 : 화환 및 경조금, 경조휴가, 상조지원

　㉢ 각종 동호회 활동 지원 : 각종 운동, 레저, 취미활동 등 30여개 동호회 활동 중

　㉣ 사내 체력단련실 및 의무실 운영 : 각종 운동기구를 갖춘 체력단련실과 의무실 운영

　㉤ 생활안정자금 대출제도 운용 : 생활안정에 도움을 주는 사내 대출제도(5천만 원 한도)
　　운영

　㉥ 전국 유명 휴양지역 콘도이용 : 유수의 리조트를 임직원이 이용할 수 있도록 제공

(2) 채용안내(2021년 하반기 일반직(신입/경력) 및 업무지원직 신규채용 기준)

① 일반직 신입/경력직원 채용

　㉠ 모집직무 및 응시자격

　　• 신입직원 : 48명

구분		인원			응시자격
		수도권	비수도권	계	
행정	경영	11	5	16	• 학력, 전공 및 연령제한 없음 (공고일 현재 만60세 이상은 지원불가, 만 57세 이상은 임금피크제 적용) • 병역필(예비소집일 이전 전역) 또는 면제자 • 국가공무원법 제33조(결격사유) 및 중진공 인사 규정 상 결격사유가 없는 자 • 공인어학성적(신입) : TOEIC 760점, TEPS 290점, TOEFL-IBT 86점, G-TELP LV.2 70점 OPIC IM2, TOEIC Speaking 130점, TEPS Speaking 54점 이상(원서접수 마감일 기준) ※ 공인어학성적 : 청각장애(2·3) 응시자는 듣기 평가를 제외하고 TOEIC 380점, TEPS 174점, G-TELP Lv.2 46점 이생
	경제	9	4	13	
	행정 · 법학	2	2	4	
	소계	22	11	33	
기술	기계/금속	2	2	4	
	전기 · 전자	3	2	5	
	화공	1	1	2	
	전산	2	2	4	
	소계	8	7	15	
합계		30	18	48	

　　• 경력직원 : 2명

구분		인원	응시자격
행정	회계 결산	2	• 상기 응시자격 및 결격사유는 공통사항(어학성적 제외) • 한국공인회계사(KICPA) 자격증 보유 및 직무경력 3년 이상

ⓛ 채용방향 및 근로조건

• 채용방향

구분	내용
열린채용	• 능력중심 블라인드 채용으로 편견이 개입될 수 있는 정보(출신, 학력 등)를 사전 차단하여 제도 자체적으로 運을 중립화
우수인재채용	• 포스트 코로나 시대 디지털 혁신, 지역산업 혁신, 사회안전망 혁신을 위해 미래 · 新산업분야 등 우수인재 발굴 ※ 미래 · 新산업분야 : 빅데이터 · 블록체인 · 공유경제, 인공지능(AI), 수소경제, 스마트공장, 에너지신산업, 미래자동차, 바이오 · 헬스, 스마트팜, 스마트시티, 드론, 핀테크 등 －디지털 혁신 : 비대면 · 온라인 방식 수출지원 및 정책자금 지원체계 개편, 제조현장 스마트화 확산, 新산업 · 디지털 전문인력 확대 －지역산업 혁신 : 지역형 예비유니콘 육성, 지역혁신성장 모델 구축, 규제 자유특구 원스톱지원 추진기반 마련 －사회안전망 혁신 : 포용적 정책자금 운용 및 중소기업 구조개선 지원 등
사회형평채용	사회적 가치를 구현하고자 장애인 · 보훈대상자, 이전 지역인재에게 선발할당제 적용

• 근로조건

구분	내용
고용 형태 (일반 정규직)	• 신입직원의 수습기간은 임용일로부터 5개월 내외이고, 수습해제를 위한 근무평정을 별도 실시할 예정 ※ 전문분야(회계결산)의 경우 경력과 자격사항 등을 감안하여 직급 및 호봉산정 • 수습기간 중의 급여는 내부규정에 근거하여 수습사원 보수를 지급하고, 수습해제 이후 보수규정에 따름
근무 지역	• 본부, 청년창업사관학교, 연수원 및 지역본 · 지부 등 • 최종 합격자는 모집분야 구분에도 불구하고, 인사운영 원칙에 따라 본부 및 전국 지역본 · 지부 등으로 배치 가능(순환근무 원칙)

ⓒ 전형방법

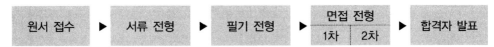

• 서류 전형
 － 선발 대상 : 채용예정인원의 30배수(필기시험 응시기회 확대)
 － 평가 기준 : 자기소개서, 직무수행계획서, 경력 · 경험기술서(비계량) 기반으로 교육이수, 자격사항(계량) 보완하여 인적자원 다양성 확보

- 필기 전형
- 선발 대상 : 채용예정인원의 5배수(매 과목별 40점 미만 과락 처리)
- 평가 기준 : 직업기초능력평가(40%), 전공 객관식(30%), 시사 논술(30%) 합산점수의 고득점자순 선발(경력직은 전공 미실시, 논술평가로 60% 반영)
  ※ 직업기초능력평가(의사소통 · 문제해결 · 수리 · 자원관리 · 정보능력 50문항, 60분), 인성검사(228문항, 30분), 전공 객관식(40문항, 50분) 및 시사 논술(2~3문, 70분) 시험 실시
- 1차 면접(실무 면접)
- 선발 대상 : 채용예정인원의 2배수(경력직은 3배수 선발)
- 평가 기준 : 집단토론(40%)과 개별 직무역량면접(60%) 합산점수의 고득점자순으로 선발(총점 평균이 60% 미만 시 과락처리)

구분	소요 시간	면접 내용	평가 항목
집단 토론 (40%)	50분/조 (준비시간 20분 별도)	자유토론을 통한 문제/상황 해결과정	리더십, 논리력, 적극성, 표현력 등
개별직무역량 (60%)	20분/인	개인별로 직역무역량 수준 평가	전문성, 조직 적합성, 고객지향, 소통역량 등

- 2차 면접(임원 면접)
- 선발 대상 : 최종합격자 선발
- 평가 기준 : 평가기준 : 중진공 新핵심가치인 혁신(Innovation), 현장(Field), 공공성(Public), 신뢰(Trust) 등에 대한 종합평가
  ※ 입사지원서 진위 여부를 검증하고, 다대다 경험면접(30분/조)을 통해 중진공 인재상과의 부합 여부 등을 평가(총점 평균이 60점 미만시 과락처리)

고객의 관점에서 일하는 인재	조직의 화합을 생각하는 인재	자신의 전문성을 키워가는 인재
• 고객의 성공을 지원하고 함께 성장해 나가도록 노력하는 인재 • 현장중심 경영을 통한 고객과의 신뢰구축을 위해 노력하는 인재	• 개인과 조직의 조화와 구성원의 화합을 도모하는 인재 • 다양성을 수용하는 유연한 사고를 가진 인재	• 지속적인 자기개발로 자기 분야의 최고 수준을 실현하는 인재 • 도전정신을 가지고 변화를 주도해 가는 인재

- 합격자 결정 : 모집 분야별 고득점자순으로 최종합격자를 선정하고, 예비합격자에게 순번 부여(합격자 발표 다음날로부터 1개월까지 운영)

구분	동점자 처리 기준
최종전형 이전	• 각 전형별로 동점자는 전원합격 처리
최종전형	• 직전 전형의 고득점자 순으로 합격 처리 • 직전 전형도 동점일 경우, 그 직전 전형의 고득점자순으로 최종합격 처리

ⓔ 우대사항

- 교육사항(서류전형 계량평가)
- 채용직무와 관련된 정규교육 이수사항(학기별), 직업훈련 과목·과정의 이수 결과(고용노동부 HRD-Net 등록 과정으로 제한)
- 자격사항(서류전형 계량평가)

구분	직무관련 자격증
일반직 신입	한국사능력(1·2급), 컴퓨터활용능력(1·2급), 신용관리사, 신용분석사, 자산관리사, 경영·기술지도사, 기사, CISSP(Associate), OCA, OCJP, CCNA, OCSA, AICPA, 감정평가사, 사회조사분석사(1급), 관세사, OCP, OCWCD, OCJD, CCNP, OCNA, FRM, 변리사, 세무사, 공인노무사, 박사학위, CISSP(Professional), CISA, OCM, CCIE, 공인회계사, CFA(Level 3), 기술사, 국내 변호사

- 사회평형 가점
- 「국민기초생활 보장법」 제2조 제2호 및 제10호에 따른 국민기초생활 수급자 및 차상위계층에 속한 자로서 본인 또는 대상가구의 구성원
- 「한부모 가족 지원법」 제4조에 의한 한부모 가족 보호 대상자
- 「경력단절여성 등의 경제활동 촉진법」 제2조에 따라 임신·출산·육아, 가족구성원의 돌봄을 이유로 1년 이상 연속하여 경력단절 되었거나, 경제활동을 한 적이 없는 여성(공고일 현재 무직인 자)
- 「장애인고용촉진 및 직업재활법」 제2조에 의한 장애인
- 취업지원 대상자(국가보훈대상)

- 「5·18 민주유공자 예우에 관한 법률」 제20조
- 「고엽제 후유의증 환자지원 등에 관한 법률」 제7조 제9항에 해당하는 국가유공자 및 그 유가족 등
- 「국가유공자 등 예우 및 지원에 관한 법률」 제29조
- 「독립유공자 예우에 관한 법률」 제16조
- 「보훈보상대상자 지원에 관한 법률」 제2조 및 제35조
- 「특수임무유공자 예우 및 단체설립에 관한 법률」 제19조

- 「청년고용촉진 특별법 시행령」 제2조에 의해 만15세 이상이고, 만34세 이하 청년
- 선발 할당제 : 이전지역인재 및 장애인·보훈대상자에게 선발 할당제 적용하고 목표에 미달할 경우 추가합격 처리(경력(회계결산) 분야는 미적용)

② 업무지원직(지원/전문/특수) 신입직원 채용

㉠ 모집직무 및 응시자격

구분		인원	응시 자격
지원직렬	공개경쟁	5	• 학력, 전공 및 연령제한 없음(공고일 현재 만60세 이상인 자는 지원불가, 만57세 이상인 자는 임금 피크제 적용) • 병역필(예비소집일 이전 전역), 또는 면제자 • 국가공무원법 제33조(결격사유) 및 중진공 인사규정 상 결격사유가 없는 자 • 특수직렬은 한국공인회계사(KICPA) 자격증 보유 및 실무수습(1년 이상)畢, 원격근무(서울, 부산 등) 가능
	제한경쟁(보훈)	6	
전문직렬(교수, 전문의원)		8	
특수직렬(회계사)		1	
합계		20	

㉡ 채용방향 및 근로조건

• 채용방향

구분	내용
열린 채용	• 능력중심 블라인드 채용으로 편견이 개입될 수 있는 정보(출신, 학력 등)를 사전 차단하여 제도 자체적으로 運을 중립화
사회형평 채용	• 사회적 가치를 구현하고자 장애인·보훈대상자에게 선발할당제를 적용하고, 보훈제한경쟁 채용방식 활용 -보훈제한경쟁 : 「국가유공자 등 예우 및 지원에 관한 법률」등에 따라 취업지원대상자로 응시자격을 제한하여 운영(보훈제한경쟁은 선발할당제 미적용)

• 근로조건

구분	내용
고용 형태 (무기계약직) (정규직)	• 신입직원의 수습기간은 임용일로부터 5개월 내외이고, 수습해제를 위한 근무평정을 별도 실시할 예정 • 수습기간 중의 급여는 내부규정에 근거하여 수습사원 보수를 지급하고, 수습해제 후 보수규정에 따름
직무·근무지 특성	• 직무 및 근무지를 선택하여 지원(중복 불가) • 채용공고 상의 모집부문, 직무별 근무지 등 반드시 확인 필요 • 모집지역 근무가 인사원칙이나, 사업규모 변경 등의 기관사정에 따라 향후 근무지 및 직무범위 변경 가능 • 지원직렬은 본부·지역본부(수출팀)·청년창업사관학교 사무지원, 전문직렬은 청년창업·재도약사업 등 수행, 특수직렬은 회생컨설팅 사업 관리

ⓒ 전형방법

원서 접수 ▶ 서류 전형 ▶ 필기 전형 ▶ 면접 전형 ▶ 합격자 발표

- 서류 전형
- 선발 대상 : 채용예정인원의 20배수
- 평가 기준 : 자기소개서, 직무수행계획서, 경력·경험기술서(비계량) 기반으로 교육이수, 자격사항(계량) 보완하여 인적자원 다양성 확보
- 필기 전형
- 선발 대상 : 채용예정인원의 5배수
- 평가 기준 : 10대 국가직무능력표준(NCS) 영역 중에서 업무수행에 필요한 직업기초능력(의사소통·문제해결·수리·자원관리·정보능력 50문항, 60분) 평가(전공 객관식 및 논술시험 제외)
- 면접 전형(실무 면접)
- 선발 대상 : 최종합격자 선발
- 평가 기준 : 중진공 新핵심가치인 혁신(Innovation), 현장(Field), 공공성(Public), 신뢰(Trust) 등에 대한 종합평가

※ 입사지원서 진위 여부를 검증하고, 다대다 경험면접(60분/조)을 통해 중진공 인재상과의 부합 여부 등을 평가(총점 평균이 60점 미만 시 과락처리)

고객의 관점에서 일하는 인재	조직의 화합을 생각하는 인재	자신의 전문성을 키워가는 인재
• 고객의 성공을 지원하고 함께 성장해 나가도록 노력하는 인재 • 현장중심 경영을 통한 고객과의 신뢰구축을 위해 노력하는 인재	• 개인과 조직의 조화와 구성원의 화합을 도모하는 인재 • 다양성을 수용하는 유연한 사고를 가진 인재	• 지속적인 자기개발로 자기 분야의 최고 수준을 실현하는 인재 • 도전정신을 가지고 변화를 주도해 가는 인재

- 합격자 결정 : 모집 분야별 고득점자순으로 최종합격자를 선정하고, 예비합격자에게 순번 부여(합격자 발표 다음날로부터 1개월까지 운영)

구분	동점자 처리 기준
최종전형 이전	• 각 전형별로 동점자는 전원합격 처리
최종전형	• 직전 전형의 고득점자 순으로 합격 처리 • 직전 전형도 동점일 경우, 그 직전 전형의 고득점자순으로 최종합격 처리

ⓔ 우대사항
- 교육사항 : 서류전형 계량평가
  - 채용직무와 관련된 정규교육 이수사항, 직업훈련 과목 · 과정의 이수결과(고용노동부 HRD-Net 등록 과정으로 제한)
- 자격사항 : 서류전형 계량평가

구분	직무관련 자격증
업무 지원직 (지원/ 전문/ 특수)	한국사능력(1, 2급), 정보처리기사, 정보처리 산업기사, 사무자동화산업기사, 컴퓨터 활용능력(1, 2급), 워드 프로세서 1급, 재경관리사, 전산회계 1급, 전산세무 1급, 전산회계 운용사(1, 2급), 회계관리 1급, 문서실무사 1급, 사회조사분석사(2급), 비서(1, 2급), CFA(Level 1), AFPK, 창업보육 매니저, 창업지도사(1, 2급), 경영지도사, 기술지도사, PMP, PRINCE2, 사회조사분석사(1급), CFA(Level 2), CFP, 법무사, 세무사, 관세사, 변리사, 공인노무사, AICPA, 감정평가사, 박사학위, 공인회계사, CFA(Level3), 기술사, 국내 변호사

- 사회평형 가점
- 「국민기초생활 보장법」 제2조 제2호 및 제10호에 따른 국민기초생활 수급자 및 차상위 계층에 속한 자로서 본인 또는 대상가구의 구성원
- 「한부모 가족 지원법」 제4조에 의한 한부모 가족 보호 대상자
- 「경력단절여성 등의 경제활동 촉진법」제2조에 따라 임신 · 출산 · 육아, 가족구성원의 돌봄을 이유로 1년 이상 연속하여 경력단절 되었거나, 경제활동을 한 적이 없는 여성 (공고일 현재 무직인 자)
- 「장애인고용촉진 및 직업재활법」 제2조에 의한 장애인
- 취업지원 대상자(국가보훈대상)

  - 「5·18 민주유공자 예우에 관한 법률」 제20조
  - 「고엽제 후유의증 환자지원 및 단체설립에 관한 법률」 제7조의9에 해당하는 국가유공자 및 그 유가족 등
  - 「국가유공자 등 예우 및 지원에 관한 법률」 제29조
  - 「독립유공자 예우에 관한 법률」 제16조
  - 「보훈보상대상자 지원에 관한 법률」 제2조 및 제35조
  - 「특수임무유공자 예우 및 단체설립에 관한 법률」 제19조

- 「청년고용촉진 특별법 시행령」 제2조에 의해 만15세 이상이고, 만34세 이하 청년
- 선발 할당제 : 장애인 · 보훈대상자에게 선발 할당제 적용하고 목표 미달할 경우 추가합격 처리(비수도권/이전지역인재는 미적용)

③ 공통 유의사항

　ⓐ 모집직무 중 하나만 선택 지원하시고, 일반직과 업무지원직에 중복 지원할 경우 모든 입사지원서를 무효 처리합니다.

　ⓑ 입사지원서에 교육, 자격사항 등을 오기재하지 않도록 주의하시고, 우대사항에 대한 증빙가능 여부를 반드시 확인하시기 바랍니다.

　ⓒ 잘못된 입사지원서(오기재, 허위제출 등 포함), 증빙자료 미제출로 인한 불이익에 대하여 모든 책임은 지원자 본인에게 있고, 허위사실 등을 기재하거나 허위로 증빙서류를 제출한 경우 합격을 취소합니다.

　ⓓ 입사지원서 작성 시 자기소개서에 직·간접적으로 본인 성명, 학교명, 가족관계, 지인(중진공 근무) 등의 인적사항이 입력될 경우 불이익을 받을 수 있습니다.

　ⓔ 채용절차법 제11조 등에 따라 청구기간 이내(2022.3.31) 서류 반환을 요청한 자에 한해서만 서류 일체를 반환할 예정입니다.

　ⓕ 합격 이후에도 당사 규정상으로 결격사유(신체검사 및 신원조회 결과 부적격자 등)에 해당하는 경우에는 합격을 취소할 수 있습니다.

　ⓖ 부정합격자는 합격을 취소하고 사법처리 등의 불이익을 받을 수 있으며, 향후 5년간 우리 공단에 재입사도 불가합니다.

　　* 부정합격자 : 본인 또는 본인과 밀접하게 관련된 타인의 채용에 대해서 부당한 청탁, 압력을 행사한 자, 재산상의 이익 제공 등 부정행위로 인해 합격한 본인

　ⓗ 중복 및 유사질문이 많으므로 채용공고와 FAQ를 충분히 확인하시고 채용콜센터(070-5223-3901(~3903))에 해당 내용을 문의하시기 바랍니다.

02 관련기사

중진공, 신규 무상담·비대면 평가로 정책자금 지원

– 5인 이내로 방문상담을 거치지 않고 정책자금 신청기업 융자 선택
– 수출실적 10만 달러 미만인 수출초보기업를 대상으로 1억 원 한도 내로 지원

중소벤처기업진흥공단과 중소벤처기업부는 8월 27일(금)에 신규 무상담·비대면 평가 지원 프로세스를 도입하였다. 이는 시범으로 정책자금 지원을 운영하기 위함이라고 밝혔다.

이번 정책자금 지원 대상으로는 연 수출 실적 10만 달러 미만인 수출초보기업으로 정책자금을 지원받은 이력이 있는 중소벤처기업이다. 이는 무상담·비대면 평가 지원 프로세스를 반영하여 기업당 1억 원 한도 내로 신시장진출지원자금 중 내수기업수출기업화자금에 대하여 시범으로 운영한다.

이는 신청기업이 서류심사를 활용한 비대면 평가(Zero-Tact)로 진행이 되며 중진공 지역본지부를 방문하여 상담하고 현장조사를 하는 과정을 없앴다. 위와 같은 무상담·비대면 평가를 통해 기존 정책자금 지원 프로세스의 7단계 과정에서 4단계로 대폭 축소하여 신청 5일 이내로 빠른 지원이 가능해졌다. 또한 신청을 위한 현장실사·상담과 같은 평가 대응에 있어 부담이 축소될 것으로 전망된다.

앞서 중진공은 내수기업수출기업화자금 외 타 정책자금으로부터 융자지원 규모 상승 여부 및 적용 범위 확대 등을 무상담·비대면 평가를 시범으로 운영한 다음 성과 점검을 참고하여 검수할 예정이다.

중진공은 "신속한 자금지원과 절차를 간소화 시키는 등 무상담·비대면 평가를 도입함으로써 정책자금에 있어 편의성과 접근성 향상을 위한 노력의 한부분"라면서, "앞으로도 중진공은 정책자금 지원 서비스의 개혁을 디지털 중심 금융환경이 비대면에 걸맞게 꾸준히 일구어나가겠다."고 밝혔다.

-2021. 8. 27.

면접질문
● 무상담·비대면 평가 지원 프로세스의 이점에 대해 말해보시오.
● 정책자금을 지원신청을 좀 더 원활하게 하기 위한 획기적인 방안이 있으면 설명해 보시오.

글로벌 비즈니스 소싱페어 개최 START AGAIN, 2021

- 온라인 수출 상담을 34개국이 참여한 700사에서 150개사 해외바이어와 진행
- 온라인 포럼, 유튜브로 18일(수) 14시~16시 실시간으로 진행

중소벤처기업진흥공단은 2021 글로벌 비즈니스 소싱페어(Global Business Sourcing Fair, 이하 소싱페어)를 8월 18일(수)~19일(목)에 거쳐 서울·강남 SETEC에서 개최한다.

이번 소싱페어는 올해 6회차를 맞이하였다. 이는 중소벤처기업 수출의 판로를 개척해내기 위함이며 대표적인 매칭 전시 상담회로써 2년 만에 개최되었다. 이번 수출 상담회는 국내기업 700개사가 참가했으며 행사의 주 내용으로는 ▲온라인 포럼 ▲수출 상담회를 해외 바이어와 1대1 매칭 ▲유망상품관 라이브 커머스 및 쇼케이스가 진행된다. 이는 1대1 비대면으로 진행되며 미국·유럽·신남방·신북방 등 34개국의 해외 바이어 150개사와 함께한다.

해외 소비자들에게 국내 우수한 제품들을 소개하기 위해 유망상품관 쇼케이스에서는 글로벌 인플루언서 및 전문 MD가 품목마다 실시간 온라인 중계(라이브 스트리밍)을 진행한다. 더불어 청년 인플루언서의 실시간 방송 판매(라이브 커머스)도 같이 양성한 CJ ENM과 중진공이 같이 진행할 예정이다.

온라인 포럼은 메타버스 시대, 전자상거래의 현재와 미래', '언택트(Untact) 시대의 해외마케팅 노하우', '빅데이터로 보는 트렌드 변화'를 주제로 각 주제를 담당한 기업대표 및 교수가 18일(수) 14~16시에 진행한다. 코로나 19 지침을 준수하여 올 소싱페어는 유튜브 채널을 통해 비대면으로 시행되며 실시간 참관이 가능하다. 또한 중진공은 개도국 온라인수출플랫폼 기술의 이전 및 디지털 수출지원 체계의 구축 등을 ㈜한국무역정보통신와 업무협약을 통해 ㈜한국무역정보통신의 간접수출기업 데이터와 중진공의 유망 상품 데이터 및 해외바이어와의 협력 확대가 예상되어진다.

중진공은 "상호 윈윈을 위해 코로나19를 이겨내 비즈니스 연결에 있어 새로운 기회로 활용할 것이다"면서, "언택트(Untact) 트렌드에 걸맞게 다양한 온·오프라인 수출 관련 모델을 개척해나가 온라인 수출에 있어 성공적인 사례가 나오도록 아끼지 않도록 지원 하겠다."고 말했다.

-2021. 8. 18.

면접질문	• 중진공의 온라인수출플랫폼에 대해서 아는대로 설명해 보시오. • 비대면 시대에 적합한 중소벤처기업 온라인 수출지원플랫폼 사업을 제안해보시오.

PART II

NCS 직업기초능력평가

01 의사소통능력

1 의사소통과 의사소통능력

(1) 의사소통

① 개념 … 사람들 간에 생각이나 감정, 정보, 의견 등을 교환하는 총체적인 행위로, 직장생활에서의 의사소통은 조직과 팀의 효율성과 효과성을 성취할 목적으로 이루어지는 구성원 간의 정보와 지식 전달 과정이라고 할 수 있다.

② 기능 … 공동의 목표를 추구해 나가는 집단 내의 기본적 존재 기반이며 성과를 결정하는 핵심 기능이다.

③ 의사소통의 종류
   ㉠ 언어적인 것 : 대화, 전화통화, 토론 등
   ㉡ 문서적인 것 : 메모, 편지, 기획안 등
   ㉢ 비언어적인 것 : 몸짓, 표정 등

④ 의사소통을 저해하는 요인 … 정보의 과다, 메시지의 복잡성 및 메시지 간의 경쟁, 상이한 직위와 과업지향형, 신뢰의 부족, 의사소통을 위한 구조상의 권한, 잘못된 매체의 선택, 폐쇄적인 의사소통 분위기 등

(2) 의사소통능력

① 개념 … 의사소통능력은 직장생활에서 문서나 상대방이 하는 말의 의미를 파악하는 능력, 자신의 의사를 정확하게 표현하는 능력, 간단한 외국어 자료를 읽거나 외국인의 의사표시를 이해하는 능력을 포함한다.

② 의사소통능력 개발을 위한 방법
   ㉠ 사후검토와 피드백을 활용한다.
   ㉡ 명확한 의미를 가진 이해하기 쉬운 단어를 선택하여 이해도를 높인다.
   ㉢ 적극적으로 경청한다.
   ㉣ 메시지를 감정적으로 곡해하지 않는다.

2 의사소통능력을 구성하는 하위능력

(1) 문서이해능력

① 문서와 문서이해능력
  ㉠ 문서 : 제안서, 보고서, 기획서, 이메일, 팩스 등 문자로 구성된 것으로 상대방에게 의사를 전달하여 설득하는 것을 목적으로 한다.
  ㉡ 문서이해능력 : 직업현장에서 자신의 업무와 관련된 문서를 읽고, 내용을 이해하고 요점을 파악할 수 있는 능력을 말한다.

예제 1

다음은 신용카드 약관의 주요내용이다. 규정 약관을 제대로 이해하지 못한 사람은?

[부가서비스]
카드사는 법령에서 정한 경우를 제외하고 상품을 새로 출시한 후 1년 이내에 부가서비스를 줄이거나 없앨 수가 없다. 또한 부가서비스를 줄이거나 없앨 경우에는 그 세부내용을 변경일 6개월 이전에 회원에게 알려주어야 한다.

[중도 해지 시 연회비 반환]
연회비 부과기간이 끝나기 이전에 카드를 중도해지하는 경우 남은 기간에 해당하는 연회비를 계산하여 10 영업일 이내에 돌려줘야 한다. 다만, 카드 발급 및 부가서비스 제공에 이미 지출된 비용은 제외된다.

[카드 이용한도]
카드 이용한도는 카드 발급을 신청할 때에 회원이 신청한 금액과 카드사의 심사 기준을 종합적으로 반영하여 회원이 신청한 금액 범위 이내에서 책정되며 회원의 신용도가 변동되었을 때에는 카드사는 회원의 이용한도를 조정할 수 있다.

[부정사용 책임]
카드 위조 및 변조로 인하여 발생된 부정사용 금액에 대해서는 카드사가 책임을 진다. 다만, 회원이 비밀번호를 다른 사람에게 알려주거나 카드를 다른 사람에게 빌려주는 등의 중대한 과실로 인해 부정사용이 발생하는 경우에는 회원이 그 책임의 전부 또는 일부를 부담할 수 있다.

① 혜수 : 카드사는 법령에서 정한 경우를 제외하고는 1년 이내에 부가서비스를 줄일 수 없어.
② 진성 : 카드 위조 및 변조로 인하여 발생된 부정사용 금액은 일괄 카드사가 책임을 지게 돼.
③ 영훈 : 회원의 신용도가 변경되었을 때 카드사가 이용한도를 조정할 수 있어.
④ 영호 : 연회비 부과기간이 끝나기 이전에 카드를 중도 해지하는 경우에는 남은 기간에 해당하는 연회비를 카드사는 돌려줘야 해.

[출제의도]
주어진 약관의 내용을 읽고 그에 대한 상세 내용의 정보를 이해하는 능력을 측정하는 문항이다.
[해설]
② 부정사용에 대해 고객의 과실이 있으면 회원이 그 책임의 전부 또는 일부를 부담할 수 있다.

답 ②

② 문서의 종류

   ㉠ **공문서** : 정부기관에서 공무를 집행하기 위해 작성하는 문서로, 단체 또는 일반회사에서 정부기관을 상대로 사업을 진행할 때 작성하는 문서도 포함된다. 엄격한 규격과 양식이 특징이다.

   ㉡ **기획서** : 아이디어를 바탕으로 기획한 프로젝트에 대해 상대방에게 전달하여 시행하도록 설득하는 문서이다.

   ㉢ **기안서** : 업무에 대한 협조를 구하거나 의견을 전달할 때 작성하는 사내 공문서이다.

   ㉣ **보고서** : 특정한 업무에 관한 현황이나 진행 상황, 연구·검토 결과 등을 보고하고자 할 때 작성하는 문서이다.

   ㉤ **설명서** : 상품의 특성이나 작동 방법 등을 소비자에게 설명하기 위해 작성하는 문서이다.

   ㉥ **보도자료** : 정부기관이나 기업체 등이 언론을 상대로 자신들의 정보를 기사화 되도록 하기 위해 보내는 자료이다.

   ㉦ **자기소개서** : 개인이 자신의 성장과정이나, 입사 동기, 포부 등에 대해 구체적으로 기술하여 자신을 소개하는 문서이다.

   ㉧ **비즈니스 레터(E-mail)** : 사업상의 이유로 고객에게 보내는 편지다.

   ㉨ **비즈니스 메모** : 업무상 확인해야 할 일을 메모형식으로 작성하여 전달하는 글이다.

③ **문서이해의 절차** … 문서의 목적 이해 → 문서 작성 배경·주제 파악 → 정보 확인 및 현안문제 파악 → 문서 작성자의 의도 파악 및 자신에게 요구되는 행동 분석 → 목적 달성을 위해 취해야 할 행동 고려 → 문서 작성자의 의도를 도표나 그림 등으로 요약·정리

(2) 문서작성능력

① 작성되는 문서에는 대상과 목적, 시기, 기대효과 등이 포함되어야 한다.

② 문서작성의 구성요소

   ㉠ 짜임새 있는 골격, 이해하기 쉬운 구조

   ㉡ 객관적이고 논리적인 내용

   ㉢ 명료하고 설득력 있는 문장

   ㉣ 세련되고 인상적인 레이아웃

다음은 들은 내용을 구조적으로 정리하는 방법이다. 순서에 맞게 배열하면?

> ㉠ 관련 있는 내용끼리 묶는다.
> ㉡ 묶은 내용에 적절한 이름을 붙인다.
> ㉢ 전체 내용을 이해하기 쉽게 구조화한다.
> ㉣ 중복된 내용이나 덜 중요한 내용을 삭제한다.

① ㉠㉡㉢㉣   ② ㉠㉡㉣㉢
③ ㉡㉠㉢㉣   ④ ㉡㉠㉣㉢

③ 문서의 종류에 따른 작성방법

  ㉠ 공문서
- 육하원칙이 드러나도록 써야 한다.
- 날짜는 반드시 연도와 월, 일을 함께 언급하며, 날짜 다음에 괄호를 사용할 때는 마침표를 찍지 않는다.
- 대외문서이며, 장기간 보관되기 때문에 정확하게 기술해야 한다.
- 내용이 복잡할 경우 '-다음-', '-아래-'와 같은 항목을 만들어 구분한다.
- 한 장에 담아내는 것을 원칙으로 하며, 마지막엔 반드시 '끝'자로 마무리 한다.

  ㉡ 설명서
- 정확하고 간결하게 작성한다.
- 이해하기 어려운 전문용어의 사용은 삼가고, 복잡한 내용은 도표화 한다.
- 명령문보다는 평서문을 사용하고, 동어 반복보다는 다양한 표현을 구사하는 것이 바람직하다.

  ㉢ 기획서
- 상대를 설득하여 기획서가 채택되는 것이 목적이므로 상대가 요구하는 것이 무엇인지 고려하여 작성하며, 기획의 핵심을 잘 전달하였는지 확인한다.
- 분량이 많을 경우 전체 내용을 한눈에 파악할 수 있도록 목차구성을 신중히 한다.
- 효과적인 내용 전달을 위한 표나 그래프를 적절히 활용하고 산뜻한 느낌을 줄 수 있도록 한다.
- 인용한 자료의 출처 및 내용이 정확해야 하며 제출 전 충분히 검토한다.

ⓔ 보고서

- 도출하고자 한 핵심내용을 구체적이고 간결하게 작성한다.
- 내용이 복잡할 경우 도표나 그림을 활용하고, 참고자료는 정확하게 제시한다.
- 제출하기 전에 최종점검을 하며 질의를 받을 것에 대비한다.

| 예제 3

다음 중 공문서 작성에 대한 설명으로 가장 적절하지 못한 것은?

① 공문서나 유가증권 등에 금액을 표시할 때에는 한글로 기재하고 그 옆에 괄호를 넣어 숫자로 표기한다.
② 날짜는 숫자로 표기하되 년, 월, 일의 글자는 생략하고 그 자리에 온점(.)을 찍어 표시한다.
③ 첨부물이 있는 경우에는 붙임 표시문 끝에 1자 띄우고 "끝."이라고 표시한다.
④ 공문서의 본문이 끝났을 경우에는 1자를 띄우고 "끝."이라고 표시한다.

[출제의도]
업무를 할 때 필요한 공문서 작성법을 잘 알고 있는지를 측정하는 문항이다.
[해설]
공문서 금액 표시
아라비아 숫자로 쓰고, 숫자 다음에 괄호를 하여 한글로 기재한다.
예) 금 123,456원(금 일십이만삼천
사백오십육원)

답 ①

---

④ 문서작성의 원칙

  ㉠ 문장은 짧고 간결하게 작성한다(간결체 사용).
  ㉡ 상대방이 이해하기 쉽게 쓴다.
  ㉢ 불필요한 한자의 사용을 자제한다.
  ㉣ 문장은 긍정문의 형식을 사용한다.
  ㉤ 간단한 표제를 붙인다.
  ㉥ 문서의 핵심내용을 먼저 쓰도록 한다(두괄식 구성).

⑤ 문서작성 시 주의사항

  ㉠ 육하원칙에 의해 작성한다.
  ㉡ 문서 작성시기가 중요하다.
  ㉢ 한 사안은 한 장의 용지에 작성한다.
  ㉣ 반드시 필요한 자료만 첨부한다.
  ㉤ 금액, 수량, 일자 등은 기재에 정확성을 기한다.
  ㉥ 경어나 단어사용 등 표현에 신경 쓴다.
  ㉦ 문서작성 후 반드시 최종적으로 검토한다.

⑥ 효과적인 문서작성 요령

　　㉠ 내용이해 : 전달하고자 하는 내용과 핵심을 정확하게 이해해야 한다.

　　㉡ 목표설정 : 전달하고자 하는 목표를 분명하게 설정한다.

　　㉢ 구성 : 내용 전달 및 설득에 효과적인 구성과 형식을 고려한다.

　　㉣ 자료수집 : 목표를 뒷받침할 자료를 수집한다.

　　㉤ 핵심전달 : 단락별 핵심을 하위목차로 요약한다.

　　㉥ 대상파악 : 대상에 대한 이해와 분석을 통해 철저히 파악한다.

　　㉦ 보충설명 : 예상되는 질문을 정리하여 구체적인 답변을 준비한다.

　　㉧ 문서표현의 시각화 : 그래프, 그림, 사진 등을 적절히 사용하여 이해를 돕는다.

(3) 경청능력

① 경청의 중요성 … 경청은 다른 사람의 말을 주의 깊게 들으며 공감하는 능력으로 경청을 통해 상대방을 한 개인으로 존중하고 성실한 마음으로 대하게 되며, 상대방의 입장에 공감하고 이해하게 된다.

② 경청을 방해하는 습관 … 짐작하기, 대답할 말 준비하기, 걸러내기, 판단하기, 다른 생각하기, 조언하기, 언쟁하기, 옳아야만 하기, 슬쩍 넘어가기, 비위 맞추기 등

③ 효과적인 경청방법

　　㉠ 준비하기 : 강연이나 프레젠테이션 이전에 나누어주는 자료를 읽어 미리 주제를 파악하고 등장하는 용어를 익혀둔다.

　　㉡ 주의 집중 : 말하는 사람의 모든 것에 집중해서 적극적으로 듣는다.

　　㉢ 예측하기 : 다음에 무엇을 말할 것인가를 추측하려고 노력한다.

　　㉣ 나와 관련짓기 : 상대방이 전달하고자 하는 메시지를 나의 경험과 관련지어 생각해 본다.

　　㉤ 질문하기 : 질문은 듣는 행위를 적극적으로 하게 만들고 집중력을 높인다.

　　㉥ 요약하기 : 주기적으로 상대방이 전달하려는 내용을 요약한다.

　　㉦ 반응하기 : 피드백을 통해 의사소통을 점검한다.

예제 4

다음은 면접스터디 중 일어난 대화이다. 민아의 고민을 해소하기 위한 조언으로 가장 적절한 것은?

> 지섭 : 민아씨, 어디 아파요? 표정이 안 좋아 보여요.
> 민아 : 제가 원서 넣은 공단이 내일 면접이어서요. 그동안 스터디를 통해서 면접 연습을 많이 했는데도 벌써부터 긴장이 되네요.
> 지섭 : 민아씨는 자기 의견도 명확히 피력할 줄 알고 조리 있게 설명을 잘 하시니 걱정 안하셔도 될 것 같아요. 아, 손에 꽉 쥐고 계신 건 뭔가요?
> 민아 : 아, 제가 예상 답변을 정리해서 모아둔거에요. 내용은 거의 외웠는데 이렇게 쥐고 있지 않으면 불안해서
> 지섭 : 그 정도로 준비를 철저히 하셨으면 걱정할 이유 없을 것 같아요.
> 민아 : 그래도 압박면접이거나 예상치 못한 질문이 들어오면 어떻게 하죠?
> 지섭 : _____

① 시선을 적절히 처리하면서 부드러운 어투로 말하는 연습을 해보는 건 어때요?
② 공식적인 자리인 만큼 옷차림을 신경 쓰는 게 좋을 것 같아요.
③ 당황하지 말고 질문자의 의도를 잘 파악해서 침착하게 대답하면 되지 않을까요?
④ 예상 질문에 대한 답변을 좀 더 정확하게 외워보는 건 어떨까요?

(4) 의사표현능력

① **의사표현의 개념과 종류**

   ㉠ **개념** : 화자가 자신의 생각과 감정을 청자에게 음성언어나 신체언어로 표현하는 행위이다.

   ㉡ **종류**

- **공식적 말하기** : 사전에 준비된 내용을 대중을 대상으로 말하는 것으로 연설, 토의, 토론 등이 있다.
- **의례적 말하기** : 사회·문화적 행사에서와 같이 절차에 따라 하는 말하기로 식사, 주례, 회의 등이 있다.
- **친교적 말하기** : 친근한 사람들 사이에서 자연스럽게 주고받는 대화 등을 말한다.

② **의사표현의 방해요인**

   ㉠ **연단공포증** : 연단에 섰을 때 가슴이 두근거리거나 땀이 나고 얼굴이 달아오르는 등의 현상으로 충분한 분석과 준비, 더 많은 말하기 기회 등을 통해 극복할 수 있다.

ⓛ **말** : 말의 장단, 고저, 발음, 속도, 쉼 등을 포함한다.

ⓒ **음성** : 목소리와 관련된 것으로 음색, 고저, 명료도, 완급 등을 의미한다.

ⓔ **몸짓** : 비언어적 요소로 화자의 외모, 표정, 동작 등이다.

ⓜ **유머** : 말하기 상황에 따른 적절한 유머를 구사할 수 있어야 한다.

③ **상황과 대상에 따른 의사표현법**

   ㉠ **잘못을 지적할 때** : 모호한 표현을 삼가고 확실하게 지적하며, 당장 꾸짖고 있는 내용에만 한정한다.

   ㉡ **칭찬할 때** : 자칫 아부로 여겨질 수 있으므로 센스 있는 칭찬이 필요하다.

   ㉢ **부탁할 때** : 먼저 상대방의 사정을 듣고 응하기 쉽게 구체적으로 부탁하며 거절을 당해도 싫은 내색을 하지 않는다.

   ㉣ **요구를 거절할 때** : 먼저 사과하고 응해줄 수 없는 이유를 설명한다.

   ㉤ **명령할 때** : 강압적인 말투보다는 '○○을 이렇게 해주는 것이 어떻겠습니까?'와 같은 식으로 부드럽게 표현하는 것이 효과적이다.

   ㉥ **설득할 때** : 일방적으로 강요하기보다는 먼저 양보해서 이익을 공유하겠다는 의지를 보여주는 것이 좋다.

   ㉦ **충고할 때** : 충고는 가장 최후의 방법이다. 반드시 충고가 필요한 상황이라면 예화를 들어 비유적으로 깨우쳐주는 것이 바람직하다.

   ㉧ **질책할 때** : 샌드위치 화법(칭찬의 말 + 질책의 말 + 격려의 말)을 사용하여 청자의 반발을 최소화 한다.

┃ 예제 5

당신은 팀장님께 업무 지시내용을 수행하고 결과물을 보고 드렸다. 하지만 팀장님께서는 "최대리 업무를 이렇게 처리하면 어떡하나? 누락된 부분이 있지 않은가."라고 말하였다. 이에 대해 당신이 행할 수 있는 가장 부적절한 대처 자세는?

① "죄송합니다. 제가 잘 모르는 부분이라 이수혁 과장님께 부탁을 했는데 과장님께서 실수를 하신 것 같습니다."

② "주의를 기울이지 못해 죄송합니다. 어느 부분을 수정보완하면 될까요?"

③ "지시하신 내용을 제가 충분히 이해하지 못하였습니다. 내용을 다시 한 번 여쭤보아도 되겠습니까?"

④ "부족한 내용을 보완하는 자료를 취합하기 위해서 하루정도가 더 소요될 것 같습니다. 언제까지 재작성하여 드리면 될까요?"

[출제의도]
상사가 잘못을 지적하는 상황에서 어떻게 대처해야 하는지를 묻는 문항이다.
[해설]
상사가 부탁한 지시사항을 다른 사람에게 부탁하는 것은 옳지 못하며 설사 그렇다고 해도 그 일의 과오에 대해 책임을 전가하는 것은 지양해야 할 자세이다.

답 ①

④ 원활한 의사표현을 위한 지침

    ㉠ 올바른 화법을 위해 독서를 하라.

    ㉡ 좋은 청중이 되라.

    ㉢ 칭찬을 아끼지 마라.

    ㉣ 공감하고, 긍정적으로 보이게 하라.

    ㉤ 겸손은 최고의 미덕임을 잊지 마라.

    ㉥ 과감하게 공개하라.

    ㉦ 뒷말을 숨기지 마라.

    ㉧ 첫마디 말을 준비하라.

    ㉨ 이성과 감성의 조화를 꾀하라.

    ㉩ 대화의 룰을 지켜라.

    ㉪ 문장을 완전하게 말하리.

⑤ 설득력 있는 의사표현을 위한 지침

    ㉠ 'Yes'를 유도하여 미리 설득 분위기를 조성하라.

    ㉡ 대비 효과로 분발심을 불러 일으켜라.

    ㉢ 침묵을 지키는 사람의 참여도를 높여라.

    ㉣ 여운을 남기는 말로 상대방의 감정을 누그러뜨려라.

    ㉤ 하던 말을 갑자기 멈춤으로써 상대방의 주의를 끌어라.

    ㉥ 호칭을 바꿔서 심리적 간격을 좁혀라.

    ㉦ 끄집어 말하여 자존심을 건드려라.

    ㉧ 정보전달 공식을 이용하여 설득하라.

    ㉨ 상대방의 불평이 가져올 결과를 강조하라.

    ㉩ 권위 있는 사람의 말이나 작품을 인용하라.

    ㉪ 약점을 보여 주어 심리적 거리를 좁혀라.

    ㉫ 이상과 현실의 구체적 차이를 확인시켜라.

    ㉬ 자신의 잘못도 솔직하게 인정하라.

    ㉭ 집단의 요구를 거절하려면 개개인의 의견을 물어라.

    ⓐ 동조 심리를 이용하여 설득하라.

    ⓑ 지금까지의 노고를 치하한 뒤 새로운 요구를 하라.

    ⓒ 담당자가 대변자 역할을 하도록 하여 윗사람을 설득하게 하라.

    ⓓ 겉치레 양보로 기선을 제압하라.

    ⓔ 변명의 여지를 만들어 주고 설득하라.

    ⓕ 혼자 말하는 척하면서 상대의 잘못을 지적하라.

(5) 기초외국어능력

① 기초외국어능력의 개념과 필요성
  ㉠ 개념 : 기초외국어능력은 외국어로 된 간단한 자료를 이해하거나, 외국인과의 전화응대와 간단한 대화 등 외국인의 의사표현을 이해하고, 자신의 의사를 기초외국어로 표현할 수 있는 능력이다.
  ㉡ 필요성 : 국제화 · 세계화 시대에 다른 나라와의 무역을 위해 우리의 언어가 아닌 국제적인 통용어를 사용하거나 그들의 언어로 의사소통을 해야 하는 경우가 생길 수 있다.

② 외국인과의 의사소통에서 피해야 할 행동
  ㉠ 상대를 볼 때 흘겨보거나, 노려보거나, 아예 보지 않는 행동
  ㉡ 팔이나 다리를 꼬는 행동
  ㉢ 표정이 없는 것
  ㉣ 다리를 흔들거나 펜을 돌리는 행동
  ㉤ 맞장구를 치지 않거나 고개를 끄덕이지 않는 행동
  ㉥ 생각 없이 메모하는 행동
  ㉦ 자료만 들여다보는 행동
  ㉧ 바르지 못한 자세로 앉는 행동
  ㉨ 한숨, 하품, 신음소리를 내는 행동
  ㉩ 다른 일을 하며 듣는 행동
  ㉪ 상대방에게 이름이나 호칭을 어떻게 부를지 묻지 않고 마음대로 부르는 행동

③ 기초외국어능력 향상을 위한 공부법
  ㉠ 외국어공부의 목적부터 정하라.
  ㉡ 매일 30분씩 눈과 손과 입에 밸 정도로 반복하라.
  ㉢ 실수를 두려워하지 말고 기회가 있을 때마다 외국어로 말하라.
  ㉣ 외국어 잡지나 원서와 친해져라.
  ㉤ 소홀해지지 않도록 라이벌을 정하고 공부하라.
  ㉥ 업무와 관련된 주요 용어의 외국어는 꼭 알아두자.
  ㉦ 출퇴근 시간에 외국어 방송을 보거나, 듣는 것만으로도 귀가 트인다.
  ㉧ 어린이가 단어를 배우듯 외국어 단어를 암기할 때 그림카드를 사용해 보라.
  ㉨ 가능하면 외국인 친구를 사귀고 대화를 자주 나눠 보라.

1 다음은 어느 중소기업에서 제품화한 요리용 '식빵용 치즈' 상품에 대한 광고문이다. 제품에 대해 잘못 유추한 사람은?

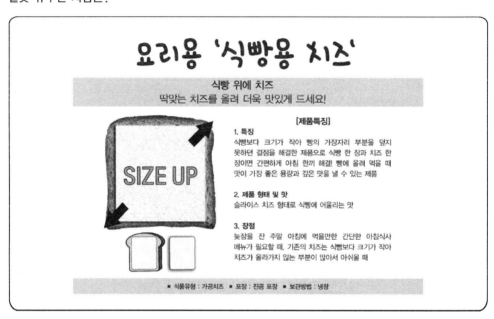

① 이 제품은 식빵과 어울리는 맛이다.

② 이 제품은 기존의 치즈보다 사이즈가 커졌다.

③ 이 제품은 냉장 보관해야 한다.

④ 이 제품은 낱개로 개별 포장되어 있다.

> Tip ①②③의 내용은 해당 광고문을 보고 유추할 수 있다. 포장 정보를 통해 이 제품이 '진공 포장'이라는 것은 알 수 있지만, 낱개로 개별 포장되어 있는지는 알 수 없다.

2 우리나라는 눈부신 경제 성장을 이룩하였고 일인당 국민소득도 빠른 속도로 증가해왔다. 소득이 증가하면 더 행복해질 것이라는 믿음과는 달리, 한국사회 구성원들의 전반적인 행복감은 높지 않은 실정이다. '전반적인 물질적 풍요에도 불구하고 왜 한국 사람들의 행복감은 그만큼 높아지지 않았을까?'에 관한 다음과 같은 두 가지 답변에 대해 적절히 평가한 것은?

> (가) 일반적으로 소득이 일정한 수준에 도달한 이후에는 소득의 증가가 반드시 행복의 증가로 이어지지는 않는다. 인간이 살아가기 위해서는 물질재와 지위재가 필요하다. 물질재는 기본적인 의식주의 욕구를 충족시키는 데 필요한 재화이며, 경제 성장에 따라 공급이 늘어난다. 지위재는 대체재의 존재 여부나 다른 사람들의 요구에 따라 가치가 결정되는 비교적 희소한 재화나 서비스이며, 그 효용은 상대적이다. 경제 성장의 초기 단계에서는 물질재의 공급을 늘리면 사람들의 만족감이 커지지만, 경제가 일정 수준 이상으로 성장하면 점차 지위재가 중요해지고 물질재의 공급을 늘려서는 해소되지 않는 불만이 쌓이게 되는 이른바 '풍요의 역설'이 발생한다. 따라서 한국 사람들이 경제 수준이 높아진 만큼 행복하지 않은 이유는 소득 증가에 따른 자연스러운 현상이다.
>
> (나) 한국 사회의 행복 수준은 단순히 풍요의 역설로 설명할 수 없다. 행복에 대한 심리학적 연구에 따르면 타인과 비교하는 성향이 강한 사람일수록 행복감이 낮아지게 된다. 비교 성향이 강한 사람은 사회적 관계에서 자신보다 우월한 사람들을 준거집단으로 삼아 비교하기 쉽고 이로 인해 상대적 박탈감이 커질 수 있기 때문이다. 한국과 같은 경쟁 사회에서는 진학이나 구직 등에서 과열 경쟁이 벌어지고 등수에 의해 승자와 패자가 구분된다. 이 과정에서 비교 우위를 차지하지 못한 사람들은 좌절을 경험하기 쉬운데, 비교 성향이 강할수록 좌절감은 더 크다. 따라서 한국 사회의 행복감이 낮은 이유는 한국 사람들이 다른 사람들과 비교하는 성향이 매우 높은 데에서 찾을 수 있다.

① 지위재에 대한 경쟁이 치열한 국가일수록 전반적인 행복감이 높다는 사실은 (가)를 강화한다.

② 경제적 수준이 비슷한 나라들과 비교하여 한국의 지위재가 상대적으로 풍부하다는 사실은 (가)를 강화한다.

③ 한국보다 소득 수준이 높고 대학 입학을 위한 입시 경쟁이 매우 치열한 나라가 있다는 사실은 (나)를 약화한다.

④ 자신보다 우월한 사람들을 준거집단으로 삼는 경향이 한국보다 강함에도 불구하고 행복감이 더 높은 나라가 있다는 사실은 (나)를 약화한다.

Answer ↪ 1.④ 2.④

④ (나)에 따르면 타인과 비교하는 성향이 강한 사람일수록 사회적 관계에서 자신보다 우월한 사람들을 준거집단으로 삼아 비교하기 쉽고 이로 인해 상대적 박탈감이 커질 수 있기 때문에 행복감이 낮아지게 된다고 언급하고 있다. 그런데 자신보다 우월한 사람들을 준거집단으로 삼는 경향이 한국보다 강함에도 불구하고 행복감이 더 높은 나라가 있다면 이는 (나)의 논리를 약화시키는 예가 된다.

3 다음은 OO공단 청렴마일리지 제도의 운영기준에 관한 내용이다. 다음을 참고할 때 청렴마일리지 제도에 대한 설명으로 옳은 것은?

> **제1조(목적)**
> 이 기준은 ○○공단의 "청렴마일리지" 관리와 관련하여 필요한 사항을 규정함으로써 "청렴마일리지 제도" 운영의 합리성과 투명성을 제고하는데 그 목적이 있다.
>
> **제2조(용어의 정의)**
> 이 기준에서 사용하는 정의는 다음과 같다.
> ㉠ "청렴마일리지"는 개인 및 부서의 반부패 청렴활동 실적에 대한 평가 수단으로서 청렴활동을 하는 개인 및 부서에 부여(차감)하는 점수를 말한다.
> ㉡ "청렴마일리지 제도"는 개인 및 부서의 실적에 따라 일정한 청렴마일리지를 부여(차감)한 후 그 점수를 기준으로 평가·보상하는 제도를 말한다.
> ㉢ "청렴마일리지 제도 운영자"(이하 "운영자"라 한다)는 윤리경영 담당 부서장으로 한다.
>
> **제3조(적용 대상)**
> 이 기준은 OO공단 전 직원에게 적용한다.
>
> **제4조(평가 기간)**
> 청렴마일리지 평가 기간은 당해 연도 1월 1일부터 당해 연도 12월 31일까지 1년간으로 한다.
>
> **제6조(청렴마일리지 관리)**
> ㉠ 청렴마일리지는 개인별로 부여하여 관리함을 원칙으로 한다. 다만 필요한 경우 부서단위로 마일리지를 부여할 수 있다.
> ㉡ 청렴마일리지 점수는 윤리 · 청렴 실천 활동 실적 및 징계 유무 등 청렴마일리지 부여 기준에 따라 산출한다.

제7조(청렴마일리지 우수자 및 우수 부서에 대한 포상)

⊙ 평가기간 중 청렴마일리지 점수가 우수한 직원에 대해서는 예산의 범위 내에서 포상을 실시 할 수 있다.

ⓛ 평가기간 중 청렴마일리지 평균 점수가 우수한 부서에 대해서는 예산의 범위 내에서 포상을 실시 할 수 있다.

ⓒ 각 부서별 청렴마일리지 평균 점수는 당해 평가 기간 중 획득한 소속 전 부서원의 마일리지 점수 합계에 부서단위로 획득한 마일리지 점수를 합한 것을 당해 평가기간 종료일의 현원으로 나눈 값으로 한다.

ⓔ 개인·부서단위로 획득한 마일리지는 당해 평가 기간 종료 시 소멸한다.

① 청렴마일리지 제도의 운영은 각 부서별 부서장이 담당한다.

② 청렴마일리지는 임직원의 직급에 따라 다르게 부여된다.

③ 윤리경영 관련 온라인 교육과정을 이수한 A씨가 받은 마일리지는 내년까지 유지된다.

④ B 부서의 청렴마일리지 평균 점수가 82점이며, 부서단위로 획득한 마일리지와 전 부서원의 마일리지의 총합이 1230점이라면 B 부서의 현원은 15명이다.

 1230(부서단위로 획득한 마일리지와 전 부서원의 마일리지의 총합) ÷ 15(현원) = 82(청렴마일리지 평균 점수)

① 청렴마일리지 제도 운영자는 윤리경영 담당 부서장으로 한다.

② 청렴마일리지는 임직원의 직급에 따라 다르게 부여된다는 기준은 위의 제시된 운영기준에서 찾을 수 없다.

③ 청렴마일리지 평가 기간은 당해 연도 1월 1일부터 당해 연도 12월 31일까지 1년간으로, 개인·부서단위로 획득한 마일리지는 당해 평가 기간 종료 시 소멸된다.

Answer ↪ 3.④

4 다음은 은행을 사칭한 대출 주의 안내문이다. 이에 대한 설명으로 옳지 않은 것은?

> 항상 ○○은행을 이용해 주시는 고객님께 감사드립니다.
>
> 최근 ○○은행을 사칭하면서 대출 협조문이 Fax로 불특정 다수에게 발송되고 있어 각별한 주의가 요망됩니다. ○○은행은 절대로 Fax를 통해 대출 모집을 하지 않으니 아래의 Fax 발견시 즉시 폐기하시기 바랍니다.
>
> | 아래 내용을 검토하시어 자금문제로 고민하는 대표이하 직원 여러분들에게 저의 은행의 금융정보를 공유할 수 있도록 업무협조 부탁드립니다. |
> | --- |
>
> 수신 : 직장인 및 사업자
> 발신 : ○○은행 여신부
> 여신상담전화번호 : 070-xxxx-xxxx
>
> | 대상 | 직장인 및 개인/법인 사업자 |
> | --- | --- |
> | 금리 | 개인신용등급적용 (최저 4.8~) |
> | 연령 | 만 20세~만 60세 |
> | 상환 방식 | 1년만기일시상환, 원리금균등분할상환 |
> | 대출 한도 | 100만 원~1억 원 |
> | 대출 기간 | 12개월~최장 60개월까지 설정가능 |
> | 서류 안내 | 공통서류 – 신분증
직장인 – 재직, 소득서류
사업자 – 사업자 등록증, 소득서류 |
>
> ※ 기타사항
> • 본 안내장의 내용은 법률 및 관련 규정 변경시 일부 변경될 수 있습니다.
> • 용도에 맞지 않을 시, 연락 주시면 수신거부 처리 해드리겠습니다.
> 현재 ○○은행을 사칭하여 문자를 보내는 불법업체가 기승입니다. ○○은행에서는 본 안내장 외엔 문자를 발송치 않으니 이점 유의하시어 대처 바랍니다.

① Fax 수신문에 의하면 최대 대출한도는 1억 원까지이다.
② Fax로 수신되는 대출 협조문은 ○○은행에서 보낸 것이 아니다.
③ Fax로 수신되는 대출 협조문은 즉시 폐기하여야 한다.
④ ○○은행에서는 대출 협조문을 문자로 발송한다.

(Tip) ④ ○○은행에서는 본 안내장 외엔 문자를 발송하지 않는다.

5 다음과 같은 내용의 보고서를 읽고 내린 결론으로 ㉠~㉢에 들어갈 말을 순서대로 바르게 나열한 것은?

> 다음 세대에 유전자를 남기기 위해서는 반드시 암수가 만나 번식을 해야 한다. 그런데 왜 이성이 아니라 동성에게 성적으로 끌리는 사람들이 낮은 빈도로나마 꾸준히 존재하는 것일까?
>
> 진화심리학자들은 이 질문에 대해서 여러 가지 가설로 동성애 성향이 유전자를 통해 다음 세대로 전달된다고 설명한다. 그 중 캄페리오-치아니는 동성애 유전자가 X염색체에 위치하고, 동성애 유전자가 남성에게 있으면 자식을 낳아 유전자를 남기는 번식이 감소하지만, 동성애 유전자가 여성에게 있으면 여타 조건이 동일한 상황에서 자식을 많이 낳아 유전자를 많이 남기기 때문에 동성애 유전자가 계속 유지된다고 주장하였다.
>
> 인간은 23쌍의 염색체를 갖는데, 그 중 한 쌍이 성염색체로 남성은 XY염색체를 가지며 여성은 XX염색체를 가진다. 한 쌍의 성염색체는 아버지와 어머니로부터 각각 하나씩 받아서 쌍을 이룬다. 즉 남성 성염색체 XY의 경우 X염색체는 어머니로부터 Y염색체는 아버지로부터 물려받고, 여성 성염색체 XX는 아버지와 어머니로부터 각각 한 개씩의 X염색체를 물려받는다. 만약에 동성애 남성이라면 동성애 유전자가 X염색체에 있고 그 유전자는 어머니로부터 물려받은 것이다.

> 〈결론〉
> 캄페리오-치아니의 가설이 맞다면 확률적으로 동성애 남성의 (㉠) 한 명이 낳은 자식의 수가 이성애 남성의 (㉡) 한 명의 낳은 자식의 수보다 (㉢).

① 이모, 이모, 많다
② 고모, 고모, 많다
③ 이모, 고모, 적다
④ 이모, 이모, 적다

 캄페리오-치아니는 동성애 유전자가 X염색체에 위치한다고 보았으므로, 동성애 남성의 동성애 유전자는 어머니로부터 물려받은 것이다. 따라서 캄페리오-치아니의 가설이 맞다면 확률적으로 동성애 남성의 <u>이모</u> 한 명이 낳은 자식의 수가 이성애 남성의 <u>이모</u> 한 명의 낳은 자식의 수보다 <u>많아</u> 유전자를 많이 남기기 때문에 동성애 유전자가 계속 유지된다고 할 수 있다.

Answer ↪ 4.④ 5.①

6 서원 그룹의 K부서에서는 자기 부서의 정책을 홍보하기 위해 책자를 제작해 배포하는 프로젝트를 진행하였다. 프로젝트 진행 과정이 다음과 같을 때, 프로젝트 결과에 대한 평가로 항상 옳은 것을 모두 고르면?

> 이번에 K부서에서는 자기 부서의 정책을 홍보하기 위해 책자를 제작해 배포하였다. 이 홍보 사업에 참여한 K부서의 팀은 A와 B 두 팀이다. 두 팀은 각각 500권의 정책홍보 책자를 제작하였다. 그러나 책자를 어떤 방식으로 배포할 것인지에 대해 두 팀 간에 차이가 있었다. A팀은 자신들이 제작한 K부서의 모든 정책홍보책자를 서울이나 부산에 배포한다는 지침에 따라 배포하였다. 한편, B팀은 자신들이 제작한 K부서 정책홍보책자를 서울에 모두 배포하거나 부산에 모두 배포한다는 지침에 따라 배포하였다. 사업이 진행된 이후 배포된 결과를 살펴보기 위해서 서울과 부산을 조사하였다. 조사를 담당한 한 직원은 A팀이 제작·배포한 K부서 정책홍보책자 중 일부를 서울에서 발견하였다.
>
> 한편, 또 다른 직원은 B팀이 제작·배포한 K부서 정책홍보책자 중 일부를 부산에서 발견하였다. 그리고 배포 과정을 검토해 본 결과, 이번에 A팀과 B팀이 제작한 K부서 정책 홍보책자는 모두 배포되었다는 것과, 책자가 배포된 곳과 발견된 곳이 일치한다는 것이 확인되었다.

> ㉠ 부산에는 500권이 넘는 K부서 정책홍보책자가 배포되었다.
> ㉡ 서울에 배포된 K부서 정책홍보책자의 수는 부산에 배포된 K부서 정책홍보책자의 수보다 적다.
> ㉢ A팀이 제작한 K부서 정책홍보책자가 부산에서 발견되었다면, 부산에 배포된 K부서 정책홍보책자의 수가 서울에 배포된 수보다 많다.

① ㉠   ② ㉢

③ ㉠, ㉡   ④ ㉡, ㉢

 B팀은 자신들이 제작한 K부서 정책홍보책자를 서울에 모두 배포하거나 부산에 모두 배포한다는 지침에 따라 배포하였는데, B팀이 제작·배포한 K부서 정책홍보책자 중 일부를 부산에서 발견하였으므로, B팀의 책자는 모두 부산에 배포되었다.
A팀이 제작·배포한 책자 중 일부를 서울에서 발견하였지만, A팀은 자신들이 제작한 K부서의 모든 정책홍보책자를 서울이나 부산에 배포한다는 지침에 따라 배포하였으므로, 모두 서울에 배포되었는지는 알 수 없다.
따라서 항상 옳은 평가는 ㉢뿐이다.

7 다음은 산업현장 안전규칙이다. 선임 J씨가 신입으로 들어온 K씨에게 전달할 사항으로 옳지 않은 것은?

산업현장 안전규칙

- 작업 전 안전점검, 작업 중 정리정돈은 사용하게 될 기계·기구 등에 대한 이상 유무 등 유해·위험요인을 사전에 확인하여 예방대책을 강구하는 것으로 현장 안전관리의 출발점이다.
- 작업장 안전통로 확보는 작업장 내 통행 시 위험기계·기구들로 부터 근로자를 보호하며 원활한 작업진행에도 기여 한다.
- 개인보호구(헬멧 등) 지급착용은 근로자의 생명이나 신체를 보호하고 재해의 정도를 경감시키는 등 재해예방을 위한 최후 수단이다.
- 전기활선 작업 중 절연용 방호기구 사용으로 불가피한 활선작업에서 오는 단락·지락에 의한 아크화상 및 충전부 접촉에 의한 전격재해와 감전사고가 감소한다.
- 기계·설비 정비 시 잠금장치 및 표지판 부착으로 정비 작업 중에 다른 작업자가 정비 중인 기계·설비를 기동함으로써 발생하는 재해를 예방한다.
- 유해·위험 화학물질 경고표지 부착으로 위험성을 사전에 인식시킴으로써 사용 취급시의 재해를 예방한다.
- 프레스, 전단기, 압력용기, 둥근톱에 방호장치 설치는 신체부위가 기계·기구의 위험부분에 들어가는 것을 방지하고 오작동에 의한 위험을 사전 차단 해준다.
- 고소작업 시 안전 난간, 개구부 덮개 설치로 추락재해를 예방 할 수 있다.
- 추락방지용 안전방망 설치는 추락·낙하에 의한 재해를 감소 할 수 있다(성능검정에 합격한 안전방망 사용).
- 용접 시 인화성·폭발성 물질을 격리하여 용접작업 시 발생하는 불꽃, 용접불똥 등에 의한 대형화재 또는 폭발위험성을 사전에 예방한다.

---

① 작업장 안전통로에 통로의 진입을 막는 물건이 있으면 안 됩니다.
② 전기활선 작업 중에는 단락·지락이 절대 생겨서는 안 됩니다.
③ 어떤 상황에서도 작업장에서는 개인보호구를 착용하십시오.
④ 프레스, 전단기 등의 기계는 꼭 방호장치가 설치되어 있는지 확인하고 사용하십시오.

 ② 전기활선 작업 중에 단락·지락은 불가피하게 발생할 수 있다. 따라서 절연용 방호기구를 사용하여야 한다.

8 다음 글은 합리적 의사결정을 위해 필요한 절차적 조건 중의 하나에 관한 설명이다. 다음 보기 중 이 조건을 위배한 것끼리 묶은 것은?

> 합리적 의사결정을 위해서는 정해진 절차를 충실히 따르는 것이 필요하다. 고도로 복잡하고 불확실하나 문제상황 속에서 결정의 절차가 합리적이기 위해서는 다음과 같은 조건이 충족되어야 한다.
>
> 〈조건〉
>
> 정책결정 절차에서 논의되었던 모든 내용이 결정절차에 참여하지 않은 다른 사람들에게 투명하게 공개되어야 한다. 그렇지 않으면 이성적 토론이 무력해지고 객관적 증거나 논리 대신 강압이나 회유 등의 방법으로 결론이 도출되기 쉽기 때문이다.

> 〈보기〉
> ⊙ 심의에 참여한 분들의 프라이버시 보호를 위해 오늘 회의의 결론만 간략히 알려드리겠습니다.
> ⓒ 시간이 촉박하니 회의 참석자 중에서 부장급 이상만 발언하도록 합시다.
> ⓒ 오늘 논의하는 안건은 매우 민감한 사안이니만큼 비참석자에게는 그 내용을 알리지 않을 것입니다. 그러니 회의자료 및 메모한 내용도 두고 가시기 바랍니다.
> ⓔ 우리가 외부에 자문을 구한 박사님은 이 분야의 최고 전문가이기 때문에 참석자 간의 별도 토론 없이 박사님의 의견을 그대로 채택하도록 합시다.
> ⓜ 오늘 안건은 매우 첨예한 이해관계가 걸려 있으니 상대방에 대한 반론은 자제해주시고 자신의 주장만 말씀해주시기 바랍니다.

① ⊙, ⓒ ② ⊙, ⓒ
③ ⓒ, ⓔ ④ ⓒ, ⓜ

 합리적 의사결정의 조건으로 회의에서 논의된 내용이 투명하게 공개되어야 한다는 조건을 명시하고 있으나, ⊙과 ⓒ에서는 비공개주의를 원칙으로 하고 있기 때문에 조건에 위배된다.

9 다음은 출산율 저하와 인구정책에 관한 글을 쓰기 위해 정리한 글감과 생각이다. 〈보기〉와 같은 방식으로 내용을 전개하려고 할 때 바르게 연결된 것은?

> ㉠ 가임 여성 1인당 출산율이 1.3명으로 떨어졌다.
> ㉡ 여성의 사회 활동 참여율이 크게 증가하고 있다.
> ㉢ 현재 시행되고 있는 출산장려 정책은 큰 효과가 없다.
> ㉣ 새롭고 실제 가정에 도움이 되는 출산장려 정책이 추진되어야 한다.
> ㉤ 가치관의 변화로 자녀의 필요성을 느끼지 않는다.
> ㉥ 인구 감소로 인해 노동력 부족 현상이 심화된다.
> ㉦ 노동 인구의 수가 국가 산업 경쟁력을 좌우한다.
> ㉧ 인구 문제에 대한 정부 차원의 대책을 수립한다.

> 〈보기〉
> 문제 상황 → 상황의 원인 → 주장 → 주장의 근거 → 종합 의견

	문제 상황	상황의 원인	예상 문제점	주장	주장의 근거	종합 의견
①	㉠, ㉡	㉤	㉢	㉣	㉥, ㉦	㉧
②	㉠	㉡, ㉤	㉥, ㉦	㉣	㉢	㉧
③	㉡, ㉤	㉥	㉠	㉢, ㉣	㉧	㉦
④	㉢	㉠, ㉡, ㉤	㉦	㉧	㉥	㉣

 • 문제 상황 : 출산율 저하(㉠)
• 출산율 저하의 원인 : 여성의 사회 활동 참여율(㉡), 가치관의 변화(㉤)
• 출산율 저하의 문제점 : 노동 인구의 수가 국가 산업 경쟁력을 좌우(㉦)하는데 인구 감소로 인해 노동력 부족 현상이 심화된다(㉥).
• 주장 : 새롭고 실제 가정에 도움이 되는 출산장려 정책이 추진되어야 한다(㉣).
• 주장의 근거 : 현재 시행되고 있는 출산장려 정책은 큰 효과가 없다(㉢).
• 종합 의견 : 인구 문제에 대한 정부 차원의 대책을 수립한다(㉧).

Answer 8.② 9.②

10 다음은 SNS 회사에 함께 인턴으로 채용된 두 친구의 대화이다. 두 사람이 제출했을 토론 주제로 적합한 것은?

> 여 : 대리님께서 말씀하신 토론 주제는 정했어? 난 인터넷에서 '저무는 육필의 시대'라는 기사를 찾았는데 토론 주제로 괜찮을 것 같아서 그걸 정리해 가려고 하는데.
>
> 남 : 난 아직 마땅한 게 없어서 찾는 중이야. 그런데 육필이 뭐야?
>
> 여 : SNS 회사에 입사했다는 애가 그것도 모르는 거야? 컴퓨터로 글을 쓰는 게 디지털 글쓰기라면 손으로 글을 쓰는 걸 육필이라고 하잖아.
>
> 남 : 아! 그런 거야? 그럼 우리는 디지털 글쓰기 세대겠네?
>
> 여 : 그런 셈이지. 요즘 다들 컴퓨터로 글을 쓰니까. 그나저나 너는 디지털 글쓰기의 장점이 뭐라고 생각해?
>
> 남 : 음, 우선 떠오르는 대로 빨리 쓸 수 있다는 점 아닐까? 또 쉽게 고칠 수도 있고. 그래서 누구나 쉽게 글을 쓸 수 있다는 점이 디지털 글쓰기의 최대 장점이라고 생각하는데.
>
> 여 : 맞아. 기존의 글쓰기가 소수의 전유물이었다면, 디지털 글쓰기 덕분에 누구나 쉽게 글을 쓰고 의사소통을 할 수 있게 되었다는 게 내가 본 기사의 핵심이었어. 한마디로 글쓰기의 민주화가 이루어진 거지.
>
> 남 : 글쓰기의 민주화…… . 멋있어 보이기는 하는데, 디지털 글쓰기가 꼭 장점만 있는 것 같지는 않아. 누구나 쉽게 글을 쓸 수 있게 됐다는 건, 그만큼 글이 가벼워졌다는 거 아냐? 우리 주변에서도 그런 글들은 엄청나잖아.
>
> 여 : 하긴, 디지털 글쓰기 때문에 과거보다 진지하게 글을 쓰는 사람이 적어진 건 사실이야. 남의 글을 베끼거나 근거 없는 내용을 담은 글들도 많아지고.
>
> 남 : 우리 이 주제로 토론을 해 보는 게 어때?

① 세대 간 정보화 격차
② 디지털 글쓰기와 정보화
③ 디지털 글쓰기의 장단점
④ 디지털 글쓰기와 의사소통의 관계

 ③ 대화 속의 남과 여는 디지털 글쓰기의 장점과 단점에 대해 이야기하고 있다. 따라서 두 사람이 제출했을 토론 주제로는 '디지털 글쓰기의 장단점'이 적합하다.

11 A국에 대한 아래 정치, 경제 동향 자료로 보아 가장 타당하지 않은 해석을 하고 있는 사람은?

- 작년 말 실시된 대선에서 여당 후보가 67%의 득표율로 당선되었고, 집권 여당이 250석 중 162석의 과반 의석을 차지해 재집권에 성공하면서 집권당 분열 사태는 발생하지 않을 전망이다.
- 불확실한 선거 결과 및 선거 이후 행정부의 정책 방향 미정으로 해외 투자자들은 A국에 대한 투자를 계속 미뤄 왔으며 최근 세계 천연가스의 공급 초과 우려가 제기되면서 관망을 지속하는 중이다.
- 2000년대 초반까지는 종교 및 종족 간의 갈등이 심각했지만, 현재는 거의 종식된 상태이며, 민주주의 정착으로 안정적인 사회 체제를 이뤄 가는 중이나 빈부격차의 심화로 인한 불안 요인은 잠재되어 있는 편이다.
- 주 사업 분야인 광물자원 채굴과 천연가스 개발 붐이 몇 년간 지속되면서 인프라 확충에도 투자가 많이 진행되어 경제성장이 지속되어 왔다.
- A국 중앙은행의 적절한 대처로 A국 통화 가치의 급격한 하락은 나타나지 않을 전망이다.
- 지난 3년간의 경제 지표는 아래와 같다.(뒤의 숫자일수록 최근 연도를 나타내며 Tm은 A국의 통화 단위)
- 경제성장률 : 7.1%, 6.8%, 7.6%
- 물가상승률 : 3.2%, 2.8%, 3.4%
- 달러당 환율(Tm/USD) : 31.7, 32.5, 33.0
- 외채 잔액(억 달러) : 100, 104, 107
- 외채 상환 비율 : 4.9%, 5.1%, 5.0%

---

① 갑 : 외채 상환 비율이 엇비슷한데도 외채 잔액이 증가한 것은 인프라 확충을 위한 설비 투자 때문일 수도 있겠어.

② 을 : 집권 여당의 재집권으로 정치적 안정이 기대되지만 빈부격차가 심화된다면 사회적 소요의 가능성도 있겠네.

③ 병 : A국의 경제성장률에 비하면 물가상승률은 낮은 편이라서 중앙은행이 물가 관리를 비교적 잘 하고 있다고 볼 수 있네.

④ 정 : 지난 3년간 A국의 달러당 환율을 보면 A국에서 외국으로 수출하는 기업들은 대부분 환차손을 피하기 어려웠겠네.

> (Tip) ④ 환차손은 환율변동에 따른 손해를 말하는 것으로 환차익에 반대되는 개념이다. A국에서 외국으로 수출하는 기업들은 3년간 달러당 환율의 상승으로 받을 돈에 있어서 환차익을 누리게 된다.

Answer 10.③ 11.④

12 IT분야에 근무하고 있는 K는 상사로부터 보고서를 검토해달라는 요청을 받고 보고서를 검토 중이다. 보고서의 교정 방향으로 적절하지 않은 것은?

국가경제 성장의 핵심 역할을 하는 IT산업은 정보통신서비스, 정보통신기기, 소프트웨어 부문으로 구분된다. 2010년 IT산업의 생산규모는 전년대비 15% 이상 증가한 385.4조원을 기록하였다. 한편, 소프트웨어 산업은 경기위축에 선행하고 경기회복에 후행하는 산업적 특성 때문에 전년대비 2% 이하의 성장에 머물렀다.

2010년 정보통신서비스 생산규모는 IPTV 등 신규 정보통신서비스 확대로 전년대비 4.6% 증가한 63.4조원을 기록하였다. 2010년 융합서비스는 전년대비 생산규모 ㉠증가률이 정보통신서비스 중 가장 높았고, 정보통신서비스에서 차지하는 생산규모 비중도 가장 컸다. ㉡또한 R&D 투자액이 매년 증가하여 GDP 대비 R&D 투자액 비중이 증가하였다.

IT산업 전체의 생산을 견인하고 있는 정보통신기기 생산규모는 통신기기를 제외한 다른 품목의 생산 호조에 따라 2010년 전년대비 25.6% 증가하였다. ㉢한편, 2006~2010년 동안 정보통신기기 생산규모에서 통신기기, 정보기기, 음향기기, 전자부품, 응용기기가 차지하는 비중의 순위는 매년 변화가 없었다. 2010년 전자부품 생산규모는 174.4조원으로 정보통신기기 전체 생산규모의 59.0%를 차지한다. 전자부품 중 반도체와 디스플레이 패널의 생산규모는 전년대비 각각 48.6%, 47.4% 증가하여 전자부품 생산을 ㉣유도하였다. 2005년~2010년 동안 정보통신기기 부문에서 전자부품과 응용기기 각각의 생산규모는 매년 증가하였다.

① ㉠은 맞춤법에 맞지 않는 표현으로 '증가율'로 수정해야 합니다.
② ㉡은 문맥에 맞지 않는 문장으로 삭제하는 것이 좋습니다.
③ ㉢은 앞 뒤 문장이 인과구조이므로 '따라서'로 수정해야 합니다.
④ ㉣ '유도'라는 어휘 대신 문맥상 적합한 '주도'라는 단어로 대체해야 합니다.

Tip ③ 인과구조가 아니며, '한편'으로 쓰는 것이 더 적절하다.

13 문화체육관광부 홍보팀에 근무하는 김문화씨는 '탈춤'에 관한 영상물을 제작하는 프로젝트를 맡게 되었다. 제작계획서 중 다음의 제작 회의 결과가 제대로 반영되지 않은 것은?

> • 제목 : 탈춤 체험의 기록임이 나타나도록 표현
> • 주 대상층 : 탈춤에 무관심한 젊은 세대
> • 내용 : 실제 경험을 통해 탈춤을 알아가고 가까워지는 과정을 보여 주는 동시에 탈춤에 대한 정보를 함께 제공
> • 구성 : 간단한 이야기 형식으로 구성
> • 전달방식 : 정보들을 다양한 방식으로 전달

〈제작계획서〉

제목		'기획 특집 – 탈춤 속으로 떠나는 10일간의 여행'	①
제작 의도		젊은 세대에게 우리 고유의 문화유산인 탈춤에 대한 관심을 불러 일으킨다.	②
전체 구성	중심 얼개	• 대학생이 우리 문화 체험을 위해 탈춤이 전승되는 마을을 찾아 가는 상황을 설정한다. • 탈춤을 배우기 시작하여 마지막 날에 공연으로 마무리한다는 줄거리로 구성한다.	③
	보조 얼개	탈춤에 대한 정보를 별도로 구성하여 중간 중간에 삽입한다.	
전달 방식	해설	내레이션을 통해 탈춤에 대한 학술적 이견들을 깊이 있게 제시하여 탈춤에 조예가 깊은 시청자들의 흥미를 끌도록 한다.	④
	영상 편집	• 탈에 대한 정보를 시각 자료로 제시한다. • 탈춤의 종류, 지역별 탈춤의 특성 등에 대한 그래픽 자료를 보여 준다. • 탈춤 연습 과정과 공연 장면을 현장감 있게 보여 준다.	

 ④ 해당 영상물의 제작 의도는 탈춤에 무관심한 젊은 세대를 대상으로 하여 우리 고유의 문화유산인 탈춤에 대한 관심을 불러일으키기 위한 것이다. 따라서 탈춤에 대한 학술적 이견들을 깊이 있게 제시하는 것은 제작 의도와 맞지 않는다.

Answer 12.③ 13.④

14 다음에 제시된 글의 목적에 대해 바르게 나타낸 것은?

제목 : 사내 신문의 발행

1. 우리 회사 직원들의 원만한 커뮤니케이션과 대외 이미지를 재고하기 위하여 사내 신문을 발간하고자 합니다.

2. 사내 신문은 홍보지와 달리 새로운 정보와 소식지로서의 역할이 기대되오니 아래의 사항을 검토하시고 재가해주시기 바랍니다.

-아 래-

㉠ 제호 : We 서원인
㉡ 판형 : 140 × 210mm
㉢ 페이지 : 20쪽
㉣ 출간 예정일 : 2016. 1. 1

별첨 견적서 1부

---

① 회사에서 정부를 상대로 사업을 진행하려고 작성한 문서이다.
② 회사의 업무에 대한 협조를 구하기 위하여 작성한 문서이다.
③ 회사의 업무에 대한 현황이나 진행상황 등을 보고하고자 하는 문서이다.
④ 회사 상품의 특성을 소비자에게 설명하기 위하여 작성한 문서이다.

 위 문서는 기안서로 회사의 업무에 대한 협조를 구하거나 의견을 전달할 때 작성하며, 흔히 사내 공문서라고도 한다.

15 다음 부고장의 용어를 한자로 바르게 표시하지 못한 것은?

> 부 고
>
> 상공주식회사의 최시환 사장님의 부친이신 최○○께서 그동안 병환으로 요양 중 이시던 중 2016년 1월 5일 오전 7시에 별세하였기에 이를 고합니다. 생전의 후의에 깊이 감사드리며, 다음과 같이 <u>영결식</u>을 거행하게 되었음을 알려드립니다. 대단히 송구하오나 <u>조화</u>와 <u>부의</u>는 간곡히 사양하오니 협조 있으시기 바랍니다.
>
> 다 음
>
> 1. 발인일시 : 2016년 1월 7일 오전 8시
> 2. 장   소 : 고려대학교 부속 구로병원 영안실 3호
> 3. 장   지 : 경기도 이천시 ○○군 ○○면
> 4. 연 락 처 : 빈소 (02) 2675-0000
>
> 회사 (02) 6542-0000
>
> 첨부 : 영결식 장소(고대구로병원) 약도 1부.
>
> 미망인   조 ○ ○
> 장   남   최 ○ ○
> 차   남   최 ○ ○
> 장례위원장   홍 두 깨
>
> ※ 조화 및 부의 사절

① 영결식-永訣式　　　　　　② 조화-弔花

③ 부의-訃告　　　　　　　　④ 발인-發靷

　③ 부의-賻儀

16 다음은 어느 회사의 공로패에 관한 내용이다. 한자로 바꾸어 쓴 것으로 옳지 않은 것은?

공 로 패

김 갑 을

 귀하는 지난 10년간 ㅁㅁ회사의 사장으로 <u>재임</u>하면서, 헌신적인 <u>봉사</u>정신과 성실한 노력으로 사원간의 친목을 도모하고, ㅁㅁ회사의 발전에 기여한 <u>공로</u>가 지대하므로 금번 퇴임을 기념하여 그 뜻을 <u>영원</u>히 기리기 위하여 이 패를 드립니다.

2015. 11. ○ ○
(주) ㅁㅁ

① 재임 - 在任
② 봉사 - 奉祀
③ 공로 - 功勞
④ 영원 - 永遠

 봉사(奉仕) : 국가나 사회 또는 남을 위하여 자신을 돌보지 아니하고 힘을 바쳐 애씀
봉사(奉祀) : 조상의 제사를 받들어 모심

17 다음 글에서 형식이가 의사소통능력을 향상시키기 위해 노력한 것으로 옳지 않은 것은?

> ○○기업에 다니는 형식이는 평소 자기주장이 강하고 남의 말을 잘 듣지 않는다. 오늘도 그는 같은 팀 동료들과 새로운 프로젝트를 위한 회의에서 자신의 의견만을 고집하다가 결국 일부 팀 동료들이 자리를 박차고 나가 마무리를 짓지 못했다. 이로 인해 형식은 팀 내에서 은근히 따돌림을 당했고 자신의 행동에 잘못이 있음을 깨달았다. 그 후 그는 서점에서 다양한 의사소통과 관련된 책을 읽으면서 조금씩 자신의 단점을 고쳐나가기로 했다. 먼저 그는 자신이 너무 자기주장만을 내세운다고 생각하고 이를 절제하기 위해 꼭 하고 싶은 말만 간단명료하게 하기로 마음먹었다. 그리고 말을 할 때에도 상대방의 입장에서 먼저 생각하고 상대방을 배려하는 마음을 가지려고 노력하였다. 또한 남의 말을 잘 듣기 위해 중요한 내용은 메모하는 습관을 들이고 상대방이 말할 때 적절하게 반응을 보였다. 이렇게 6개월을 꾸준히 노력하자 등을 돌렸던 팀 동료들도 그의 노력에 감탄하며 다시 마음을 열기 시작했고 이후 그의 팀은 중요한 프로젝트를 성공적으로 해내 팀원 전원이 한 직급씩 승진을 하게 되었다.

① 메모하기   ② 배려하기

③ 시선공유   ④ 반응하기

 시선공유도 바람직한 의사소통을 위한 중요한 요소이지만 위 글에 나오는 형식이의 노력에서는 찾아볼 수 없다.

18 다음 면접 상황을 읽고 동수가 잘못한 원인을 바르게 찾은 것은?

> 카페창업에 실패한 29살의 영식과 동수는 생존을 위해 한 기업에 함께 면접시험을 보러 가게 되었다. 영식이 먼저 면접시험을 치르게 되었다.
>
> 면접관 : 자네는 좋아하는 스포츠가 있는가?
>
> 영식 : 예, 있습니다. 저는 축구를 아주 좋아합니다.
>
> 면접관 : 그럼 좋아하는 축수선수가 누구입니까?
>
> 영식 : 예전에는 홍명보선수를 좋아했으나 최근에는 손흥민선수를 좋아합니다.
>
> 면접관 : 그럼 좋아하는 위인은 누구인가?
>
> 영식 : 제가 좋아하는 위인으로는 우리나라를 왜군의 세력으로부터 지켜주신 이순신 장군입니다.
>
> 면접관 : 자네는 메르스가 위험한 질병이라고 생각하는가?
>
> 영식 : 저는 메르스가 그렇게 위험한 질병이라고 생각하지는 않습니다. 제 개인적인 생각으로는 건강상 문제가 없으면 감기처럼 지나가는 질환이고, 면역력이 약하다면 합병증을 유발하여 그 합병증 때문에 위험하다고 생각합니다.
>
> 무사히 면접시험을 마친 영식은 매우 불안해하는 동수에게 자신이 답한 내용을 모두 알려주었다. 동수는 그 답변을 달달 외우기 시작하였다. 이제 동수의 면접시험 차례가 돌아왔다.
>
> 면접관 : 자네는 좋아하는 음식이 무엇인가?
>
> 동수 : 네, 저는 축구를 좋아합니다.
>
> 면접관 : 그럼 자네는 이름이 무엇인가?
>
> 동수 : 예전에는 홍명보였으나 지금은 손흥민입니다.
>
> 면접관 : 허. 자네 아버지 성함은 무엇인가?
>
> 동수 : 예, 이순신입니다.
>
> 면접관 : 자네는 지금 자네의 상태가 어떻다고 생각하는가?
>
> 동수 : 예, 저는 건강상 문제가 없다면 괜찮은 것이고, 면역력이 약해졌다면 합병증을 유발하여 그 합병증 때문에 위험할 것 같습니다.

① 묻는 질문에 대해 명확하게 답변을 하였다.

② 면접관의 의도를 빠르게 파악하였다.

③ 면접관의 질문을 제대로 경청하지 못했다.

④ 면접관의 신분을 파악하지 못했다.

(Tip) 면접관의 질문을 제대로 경청하지 못하여 질문의 요지를 파악하지 못하고 엉뚱한 답변을 한 것이 잘못이다.

▌19~20▐ 다음은 가스안전사용요령이다. 이를 보고 물음에 답하시오.

사용 전 주의사항 : 환기

• 가스를 사용하기 전에는 연소기 주변을 비롯한 실내에서 특히 냄새를 맡아 가스가 새지 않았는가를 확인하고 창문을 열어 환기시키는 안전수칙을 생활화 합니다.

• 연소기 부근에는 가연성 물질을 두지 말아야 합니다.

• 콕, 호스 등 연결부에서 가스가 누출되는 경우가 많기 때문에 호스 밴드로 확실하게 조이고, 호스가 낡거나 손상되었을 때에는 즉시 새것으로 교체합니다.

• 연소 기구는 자주 청소하여 불꽃구멍 등에 음식찌꺼기 등이 끼어있지 않도록 유의합니다.

사용 중 주의사항 : 불꽃확인

• 사용 중 가스의 불꽃 색깔이 황색이나 적색인 경우는 불완전 연소되는 것으로, 연소 효율이 좋지 않을 뿐 아니라 일산화탄소가 발생되므로 공기조절장치를 움직여서 파란불꽃 상태가 되도록 조절해야 합니다.

• 바람이 불거나 국물이 넘쳐 불이 꺼지면 가스가 그대로 누출되므로 사용 중에는 불이 꺼지지 않았는지 자주 살펴봅니다. 구조는 버너, 삼발이, 국물받이로 간단히 분해할 수 있게 되어 있으며, 주로 가정용으로 사용되고 있다.

• 불이 꺼질 경우 소화 안전장치가 없는 연소기는 가스가 계속 누출되고 있으므로 가스를 잠근 다음 샌 가스가 완전히 실외로 배출된 것을 확인한 후에 재점화 해야 합니다. 폭발범위 안의 농도로 공기와 혼합된 가스는 아주 작은 불꽃에 의해서도 인화 폭발되므로 배출시킬 때에는 환풍기나 선풍기 같은 전기제품을 절대로 사용하지 말고 방석이나 빗자루를 이용함으로써 전기스파크에 의한 폭발을 막아야 합니다.

• 사용 중에 가스가 떨어져 불이 꺼졌을 경우에도 반드시 연소기의 콕과 중간밸브를 잠그도록 해야 합니다.

사용 후 주의사항 : 밸브잠금

• 가스를 사용하고 난 후에는 연소기에 부착된 콕은 물론 중간밸브도 확실하게 잠그는 습관을 갖도록 해야 합니다.

• 장기간 외출시에는 중간밸브와 함께 용기밸브(LPG)도 잠그고, 도시가스를 사용하는 곳에서는 가스계량기 옆에 설치되어 있는 메인밸브까지 잠가 두어야 밀폐된 빈집에서 가스가 새어나와 냉장고 작동시 생기는 전기불꽃에 의해 폭발하는 등의 불의의 사고를 예방할 수 있습니다.

• 가스를 다 사용하고 난 빈 용기라도 용기 안에 약간의 가스가 남아 있는 경우가 많으므로 빈 용기라고 해서 용기밸브를 열어놓은 채 방치하면 남아있는 가스가 새어나올 수 있으므로 용기밸브를 반드시 잠근 후에 화기가 없는 곳에 보관하여야 합니다.

Answer↱ 18.③

19 가스안전사용요령을 읽은 甲의 행동으로 옳지 않은 것은?

① 甲은 호스가 낡아서 즉시 새것으로 교체를 하였다.

② 甲은 가스의 불꽃이 적색인 것을 보고 정상적인 것으로 생각해 그냥 내버려 두었다.

③ 甲은 장기간 집을 비우게 되어 중간밸브와 함께 용기밸브(LPG)도 잠그고 메인벨브 까지 잠가두고 집을 나갔다.

④ 甲은 연소 기구를 자주 청소하여 음식물 등이 끼지 않도록 하였다.

 ② 사용 중 가스의 불꽃 색깔이 황색이나 적색인 경우는 불완전 연소되는 것으로, 연소 효율이 좋지 않을 뿐 아니라 일산화탄소가 발생되므로 공기조절장치를 움직여서 파란불꽃 상태가 되도록 조절해야 한다.

20 가스 사용 중에 가스가 떨어져 불이 꺼졌을 경우에는 어떻게 해야 하는가?

① 창문을 열어 환기시킨다.

② 연소기구를 청소한다.

③ 용기밸브를 열어 놓는다.

④ 연소기의 콕과 중간밸브를 잠그도록 해야 한다.

 ④ 사용 중에 가스가 떨어져 불이 꺼졌을 경우에도 반드시 연소기의 콕과 중간밸브를 잠 그도록 해야 한다.

21~22 다음은 C공공기관의 휴가 규정이다. 이를 보고 이어지는 물음에 답하시오.

휴가 종류		휴가 사유	휴가 일수
연가		정신적, 육체적 휴식 및 사생활 편의	재직기간에 따라 3~21일
병가		질병 또는 부상으로 직무를 수행할 수 없거나 전염병으로 다른 직원의 건강에 영향을 미칠 우려가 있을 경우	-일반 병가 : 60일 이내 -공적 병가 : 180일 이내
공가		징병검사, 동원훈련, 투표, 건강검진, 헌혈, 천재지변, 단체교섭 등	공가 목적에 직접 필요한 시간
특별 휴가	경조사 휴가	결혼, 배우자 출산, 입양, 사망 등 경조사	대상에 따라 1~20일
	출산 휴가	임신 또는 출산 직원	출산 전후 총 90일(한 번에 두 자녀 출산 시 120일)
	여성보건 휴가	매 생리기 및 임신한 여직원의 검진	매월 1일
	육아시간 및 모성보호시간 휴가	생후 1년 미만 유아를 가진 직원 및 임신 직원	1일 1~2시간
	유산·사산 휴가	유산 또는 사산한 경우	임신기간에 따라 5~90일
	불임치료 휴가	불임치료 시술을 받는 직원	1일
	수업 휴가	한국방송통신대학에 재학 중인 직원 중 연가 일수를 초과하여 출석수업에 참석 시	연가 일수를 초과하는 출석 수업 일수
	재해 구호 휴가	풍수해, 화재 등 재해 피해 직원 및 재해지역 자원봉사 직원	5일 이내
	성과 우수자 휴가	직무수행에 탁월한 성과를 거둔 직원	5일 이내
	장기재직 특별휴가	10~19년, 20~29년, 30년 이상 재직자	10~20일
	자녀 군 입영 휴가	군 입영 자녀를 둔 직원	입영 당일 1일
	자녀돌봄 휴가	어린이집~고등학교 재학 자녀를 둔 직원	2일(3자녀인 경우 3일)

※ 휴가 일수의 계산
• 연가, 병가, 공가 및 특별휴가 등의 휴가 일수는 휴가 종류별로 따로 계산
• 반일연가 등의 계산
-반일연가는 14시를 기준으로 오전, 오후로 사용, 1회 사용을 4시간으로 계산
-반일연가 2회는 연가 1일로 계산
-지각, 조퇴, 외출 및 반일연가는 별도 구분 없이 계산, 누계 8시간을 연가 1일로 계산하고, 8시간 미만의 잔여시간은 연가 일수 미산입

Answer → 19.② 20.④

21 다음 중 위의 휴가 규정에 대한 올바른 설명이 아닌 것은?

① 출산 휴가와 육아시간 및 모성보호시간 휴가는 출산한 여성이 사용할 수 있는 휴가다.

② 15세 이상 자녀가 있는 경우에도 자녀를 돌보기 위하여 휴가를 사용할 수 있다.

③ 재직기간에 따라 휴가 일수가 달라지는 휴가 종류는 연가밖에 없다.

④ 징병검사나 동원훈련에 따른 휴가 일수는 정해져있지 않다.

 연가는 재직기간에 따라 3~21일로 휴가 일수가 달라지며, 수업 휴가 역시 연가 일수를 초과하는 출석수업 일수가 되므로 재직기간에 따라 휴가 일수가 달라진다. 장기재직 특별휴가 역시 재직기간에 따라 달리 적용된다.
① 언급된 2가지 휴가는 출산한 여성이 사용하는 휴가이다.
② 자녀돌봄 휴가는 자녀가 고등학생인 경우까지 해당되므로 15세 이상 자녀가 있는 경우에도 자녀돌봄 휴가를 사용할 수 있게 된다.
④ '직접 필요한 시간'이라고 규정되어 있으므로 고정된 시간이 아님을 알 수 있다.

22 C공공기관에 근무하는 T대리는 지난 1년간 다음과 같은 근무기록을 가지고 있다. 다음 기록만을 참고할 때, T대리의 연가 사용 일수에 대한 올바른 설명은 어느 것인가?

> T대리는 지난 1년간 개인적인 용도로 외출 16시간을 사용하였다. 또한 반일연가 사용횟수는 없으며, 인사기록지에는 조퇴가 9시간, 지각이 5시간 각각 기록되어 있다.

① 연가를 4일 사용하였다.

② 연가를 4일 사용하였으며, 외출이 1시간 추가되면 연가 일수가 5일이 된다.

③ 연가를 3일 사용하였다.

④ 연가를 3일 사용하였으며, 외출이 2시간 추가되어도 연가 일수가 추가되지 않는다.

 T대리가 사용한 근무 외 시간의 기록은 16시간 + 9시간 + 5시간 = 30시간이 된다. 따라서 8시간이 연가 하루에 해당하므로 이를 8시간으로 나누면 '3일 + 6시간'이 된다. 8시간 미만은 산입하지 않는다고 하였으므로 T대리는 연가를 3일 사용한 것이 된다.
④ 외출이 2시간 추가되면 총 32시간이 되어 4일의 연가를 사용한 것이 된다.

23 다음은 거래처의 바이어가 건넨 명함이다. 이를 보고 알 수 없는 것은?

International Motor

Dr. Yi Ching CHONG

Vice President

8 Temasek Boulevard, #32-03 Suntec Tower 5

Singapore 038988, Singapore

T. 65 6232 8788, F. 65 6232 8789

① 호칭은 Dr. CHONG이라고 표현해야 한다.

② 싱가포르에서 온 것을 알 수 있다.

③ 호칭 사용시 Vice President, Mr. Yi라고 불러도 무방하다.

④ 싱가포르에서 왔으므로 그에 맞는 식사를 대접한다.

(Tip) ③ 호칭 사용시 Vice President, Mr. CHONG이라고 불러야 한다.

24 다음 일정표에 대해 잘못 이해한 것을 고르면?

Albert Denton : Tuesday, September 24

8:30 a.m.	Meeting with S.S. Kim in Metropolitan Hotel lobby Taxi to Extec Factory
9:30-11:30 a.m.	Factory Tour
12:00-12:45 p.m.	Lunch in factory cafeteria with quality control supervisors
1:00-2:00 p.m.	Meeting with factory manager
2:00 p.m.	Car to warehouse
2:30-4:00 p.m.	Warehouse tour
4:00 p.m.	Refreshments
5:00 p.m.	Taxi to hotel (approx. 45 min)
7:30 p.m.	Meeting with C.W. Park in lobby
8:00 p.m.	Dinner with senior managers

① They are having lunch at the factory.

② The warehouse tour takes 90 minutes.

③ The factory tour is in the afternoon.

④ Mr. Denton has some spare time before in the afternoon.

 Albert Denton : 9월 24일, 화요일

8:30 a.m.	Metropolitan 호텔 로비 택시에서 Extec 공장까지 Kim S.S.와 미팅
9:30-11:30 a.m.	공장 투어
12:00-12:45 p.m.	품질 관리 감독관과 공장 식당에서 점심식사
1:00-2:00 p.m.	공장 관리자와 미팅
2:00 p.m.	차로 창고에 가기
2:30-4:00 p.m.	창고 투어
4:00 p.m.	다과
5:00 p.m.	택시로 호텔 (약 45분)
7:30 p.m.	C.W. Park과 로비에서 미팅
8:00 p.m.	고위 간부와 저녁식사

③ 공장 투어는 9시 30분에서 11시 30분까지이므로 오후가 아니다.

25 다음은 A 그룹 정기총회의 식순이다. 정기총회 준비와 관련하여 대표이사 甲과 비서 乙의 업무처리 과정에서 가장 옳지 않은 것은?

2016년도 ㈜ A 그룹 정기총회

주관 : 대표이사 甲

▌ 식순 ▌

1. 성원보고
2. 개회선언
3. 개회사
4. 위원회 보고
5. 미결안건 처리
6. 안건심의
   [제1호 의안] 2015년도 회계 결산 보고 및 승인의 건
   [제2호 의안] 2016년도 사업 계획 및 예산 승인의 건
   [제3호 의안] 이사 선임 및 변경에 대한 추인 건
7. 폐회

---

① 비서 乙은 성원보고와 관련하여 정관의 내용을 확인하고 甲에게 정기총회 요건이 충족되었다고 보고하였다.

② 비서 乙은 2015년도 정기총회의 개회사를 참고하여 2016년도 정기총회 개회사 초안을 작성하여 甲에게 보고하고 검토를 요청하였다.

③ 대표이사 甲은 지난 주주총회에서 미결된 안건이 없었는지 다시 확인해보라고 지시하였고, 비서 乙은 이에 대한 정관을 찾아서 확인 내용을 보고하였다.

④ 주주총회를 위한 회의 준비를 점검하는 과정에서 비서 乙은 빠진 자료가 없는지 매번 확인하였다.

 ④ 회의 준비를 점검하는 과정에서 매번 빠진 자료가 없는지 확인하는 것은 시간이 많이 소요되므로, 필요한 자료 목록을 작성하여 빠진 자료가 없는지 체크하고 중간점검과 최종점검을 통해 확인한다.

Answer 24.③ 25.④

02 문제해결능력

1 문제와 문제해결

(1) 문제의 정의와 분류

① 정의 : 문제란 업무를 수행함에 있어서 답을 요구하는 질문이나 의논하여 해결해야 되는 사항이다.

② 문제의 분류

구분	창의적 문제	분석적 문제
문제제시 방법	현재 문제가 없더라도 보다 나은 방법을 찾기 위한 문제 탐구→문제 자체가 명확하지 않음	현재의 문제점이나 미래의 문제로 예견될 것에 대한 문제 탐구→문제 자체가 명확함
해결방법	창의력에 의한 많은 아이디어의 작성을 통해 해결	분석, 논리, 귀납과 같은 논리적 방법을 통해 해결
해답 수	해답의 수가 많으며, 많은 답 가운데 보다 나은 것을 선택	답의 수가 적으며 한정되어 있음
주요특징	주관적, 직관적, 감각적, 정성적, 개별적, 특수성	객관적, 논리적, 정량적, 이성적, 일반적, 공통성

(2) 업무수행과정에서 발생하는 문제 유형

① 발생형 문제(보이는 문제) : 현재 직면하여 해결하기 위해 고민하는 문제이다. 원인이 내재되어 있기 때문에 원인지향적인 문제라고도 한다.
　㉠ 일탈문제 : 어떤 기준을 일탈함으로써 생기는 문제
　㉡ 미달문제 : 어떤 기준에 미달하여 생기는 문제

② 탐색형 문제(찾는 문제) : 현재의 상황을 개선하거나 효율을 높이기 위한 문제이다. 방치할 경우 큰 손실이 따르거나 해결할 수 없는 문제로 나타나게 된다.
　㉠ 잠재문제 : 문제가 잠재되어 있어 인식하지 못하다가 확대되어 해결이 어려운 문제
　㉡ 예측문제 : 현재로는 문제가 없으나 현 상태의 진행 상황을 예측하여 찾아야 앞으로 일어날 수 있는 문제가 보이는 문제

ⓒ 발견문제 : 현재로서는 담당 업무에 문제가 없으나 선진기업의 업무 방법 등 보다 좋은 제도나 기법을 발견하여 개선시킬 수 있는 문제

③ **설정형 문제(미래 문제)** : 장래의 경영전략을 생각하는 것으로 앞으로 어떻게 할 것인가 하는 문제이다. 문제해결에 창조적인 노력이 요구되어 창조적 문제라고도 한다.

예제 1	
D회사 신입사원으로 입사한 귀하는 신입사원 교육에서 업무수행과정에서 발생하는 문제 유형 중 설정형 문제를 하나씩 찾아오라는 지시를 받았다. 이에 대해 귀하는 교육받은 내용을 다시 복습하려고 한다. 설정형 문제에 해당하는 것은? ① 현재 직면하여 해결하기 위해 고민하는 문제 ② 현재의 상황을 개선하거나 효율을 높이기 위한 문제 ③ 앞으로 어떻게 할 것인가 하는 문제 ④ 원인이 내재되어 있는 원인지향적인 문제	[출제의도] 업무수행 중 문제가 발생하였을 때 문제 유형을 구분하는 능력을 측정하는 문항이다. [해설] 업무수행과정에서 발생하는 문제 유형으로는 발생형 문제, 탐색형 문제, 설정형 문제가 있으며 ①④는 발생형 문제이며 ②는 탐색형 문제, ③이 설정형 문제이다. **답 ③**

---

(3) 문제해결

① **정의** : 목표와 현상을 분석하고 이 결과를 토대로 과제를 도출하여 최적의 해결책을 찾아 실행 · 평가해 가는 활동이다.

② **문제해결에 필요한 기본적 사고**
　㉠ **전략적 사고** : 문제와 해결방안이 상위 시스템과 어떻게 연결되어 있는지를 생각한다.
　㉡ **분석적 사고** : 전체를 각각의 요소로 나누어 그 의미를 도출하고 우선순위를 부여하여 구체적인 문제해결방법을 실행한다.
　㉢ **발상의 전환** : 인식의 틀을 전환하여 새로운 관점으로 바라보는 사고를 지향한다.
　㉣ **내 · 외부자원의 활용** : 기술, 재료, 사람 등 필요한 자원을 효과적으로 활용한다.

③ **문제해결의 장애요소**
　㉠ 문제를 철저하게 분석하지 않는 경우
　㉡ 고정관념에 얽매이는 경우
　㉢ 쉽게 떠오르는 단순한 정보에 의지하는 경우
　㉣ 너무 많은 자료를 수집하려고 노력하는 경우

④ 문제해결방법

　　㉠ 소프트 어프로치 : 문제해결을 위해서 직접적인 표현보다는 무언가를 시사하거나 암시를 통하여 의사를 전달하여 문제해결을 도모하고자 한다.

　　㉡ 하드 어프로치 : 상이한 문화적 토양을 가지고 있는 구성원을 가정하고, 서로의 생각을 직설적으로 주장하고 논쟁이나 협상을 통해 서로의 의견을 조정해 가는 방법이다.

　　㉢ 퍼실리테이션(facilitation) : 촉진을 의미하며 어떤 그룹이나 집단이 의사결정을 잘 하도록 도와주는 일을 의미한다.

2　문제해결능력을 구성하는 하위능력

(1) 사고력

① 창의적 사고 : 개인이 가지고 있는 경험과 지식을 통해 새로운 가치 있는 아이디어를 산출하는 사고능력이다.

　　㉠ 창의적 사고의 특징

　　　• 정보와 정보의 조합

　　　• 사회나 개인에게 새로운 가치 창출

　　　• 창조적인 가능성

예제 2

M사 홍보팀에서 근무하고 있는 귀하는 입사 5년차로 창의적인 기획안을 제출하기로 유명하다. S부장은 이번 신입사원 교육 때 귀하에게 창의적인 사고란 무엇인지 교육을 맡아달라고 부탁하였다. 창의적인 사고에 대한 귀하의 설명으로 옳지 않은 것은?

① 창의적인 사고는 새롭고 유용한 아이디어를 생산해 내는 정신적인 과정이다.
② 창의적인 사고는 특별한 사람들만이 할 수 있는 대단한 능력이다.
③ 창의적인 사고는 기존의 정보들을 특정한 요구조건에 맞거나 유용하도록 새롭게 조합시킨 것이다.
④ 창의적인 사고는 통상적인 것이 아니라 기발하거나, 신기하며 독창적인 것이다.

[출제의도]
창의적 사고에 대한 개념을 정확히 파악하고 있는지를 묻는 문항이다.
[해설]
흔히 사람들은 창의적인 사고에 대해 특별한 사람들만이 할 수 있는 대단한 능력이라고 생각하지만 그리 대단한 능력이 아니며 이미 알고 있는 경험과 지식을 해체하여 다시 새로운 정보로 결합하여 가치 있는 아이디어를 산출하는 사고라고 할 수 있다.

답 ②

ⓛ 발산적 사고 : 창의적 사고를 위해 필요한 것으로 자유연상법, 강제연상법, 비교발상법 등을 통해 개발할 수 있다.

구분	내용
자유연상법	생각나는 대로 자유롭게 발상 ex) 브레인스토밍
강제연상법	각종 힌트에 강제적으로 연결 지어 발상 ex) 체크리스트
비교발상법	주제의 본질과 닮은 것을 힌트로 발상 ex) NM법, Synectics

Point ≫ 브레인스토밍

ⓐ 진행방법
- 주제를 구체적이고 명확하게 정한다.
- 구성원의 얼굴을 볼 수 있는 좌석 배치와 큰 용지를 준비한다.
- 구성원들의 다양한 의견을 도출할 수 있는 사람을 리더로 선출한다.
- 구성원은 다양한 분야의 사람들로 5~8명 정도로 구성한다.
- 발언은 누구나 자유롭게 할 수 있도록 하며, 모든 발언 내용을 기록한다.
- 아이디어에 대한 평가는 비판해서는 안 된다.

ⓑ 4대 원칙
- 비판엄금(Support) : 평가 단계 이전에 결코 비판이나 판단을 해서는 안 되며 평가는 나중까지 유보한다.
- 자유분방(Silly) : 무엇이든 자유롭게 말하고 이런 바보 같은 소리를 해서는 안 된다는 등의 생각은 하지 않아야 한다.
- 질보다 양(Speed) : 질에는 관계없이 가능한 많은 아이디어들을 생성해내도록 격려한다.
- 결합과 개선(Synergy) : 다른 사람의 아이디어에 자극되어 보다 좋은 생각이 떠오르고, 서로 조합하면 재미있는 아이디어가 될 것 같은 생각이 들면 즉시 조합시킨다.

② 논리적 사고 : 사고의 전개에 있어 전후의 관계가 일치하고 있는가를 살피고 아이디어를 평가하는 사고능력이다.

ⓐ 논리적 사고를 위한 5가지 요소 : 생각하는 습관, 상대 논리의 구조화, 구체적인 생각, 타인에 대한 이해, 설득

ⓑ 논리적 사고 개발 방법
- 피라미드 구조 : 하위의 사실이나 현상부터 사고하여 상위의 주장을 만들어가는 방법
- so what기법 : '그래서 무엇이지?'하고 자문자답하여 주어진 정보로부터 가치 있는 정보를 이끌어 내는 사고 기법

③ 비판적 사고 : 어떤 주제나 주장에 대해서 적극적으로 분석하고 종합하며 평가하는 능동적인 사고이다.

ⓐ 비판적 사고 개발 태도 : 비판적 사고를 개발하기 위해서는 지적 호기심, 객관성, 개방성, 융통성, 지적 회의성, 지적 정직성, 체계성, 지속성, 결단성, 다른 관점에 대한 존중과 같은 태도가 요구된다.

ⓛ 비판적 사고를 위한 태도
- 문제의식 : 비판적인 사고를 위해서 가장 먼저 필요한 것은 바로 문제의식이다. 자신이 지니고 있는 문제와 목적을 확실하고 정확하게 파악하는 것이 비판적인 사고의 시작이다.
- 고정관념 타파 : 지각의 폭을 넓히는 일은 정보에 대한 개방성을 가지고 편견을 갖지 않는 것으로 고정관념을 타파하는 일이 중요하다.

(2) 문제처리능력과 문제해결절차

① 문제처리능력 : 목표와 현상을 분석하고 이를 토대로 문제를 도출하여 최적의 해결책을 찾아 실행·평가하는 능력이다.

② 문제해결절차 : 문제 인식 → 문제 도출 → 원인 분석 → 해결안 개발 → 실행 및 평가
- ⓛ 문제 인식 : 문제해결과정 중 'waht'을 결정하는 단계로 환경 분석 → 주요 과제 도출 → 과제 선정의 절차를 통해 수행된다.
  - 3C 분석 : 환경 분석 방법의 하나로 사업환경을 구성하고 있는 요소인 자사(Company), 경쟁사(Competitor), 고객(Customer)을 분석하는 것이다.

| 예제 3 |

L사에서 주력 상품으로 밀고 있는 TV의 판매 이익이 감소하고 있는 상황에서 귀하는 B부장으로부터 3C분석을 통해 해결방안을 강구해 오라는 지시를 받았다. 다음 중 3C에 해당하지 않는 것은?

① Customer   ② Company
③ Competitor   ④ Content

[출제의도]
3C의 개념과 구성요소를 정확히 숙지하고 있는지를 측정하는 문항이다.

[해설]
3C 분석에서 사업 환경을 구성하고 있는 요소인 자사(Company), 경쟁사(Competitor), 고객을 3C(Customer)라고 한다. 3C 분석에서 고객 분석에서는 '고객은 자사의 상품·서비스에 만족하고 있는지'를, 자사 분석에서는 '자사가 세운 달성목표와 현상 간에 차이가 없는지'를 경쟁사 분석에서는 '경쟁기업의 우수한 점과 자사의 현상과 차이가 없는지'에 대한 질문을 통해서 환경을 분석하게 된다.

답 ④

- SWOT 분석 : 기업내부의 강점과 약점, 외부환경의 기회와 위협요인을 분석·평가하여 문제해결 방안을 개발하는 방법이다.

		내부환경요인	
		강점(Strengths)	약점(Weaknesses)
외부환경요인	기회 (Opportunities)	SO 내부강점과 외부기회 요인을 극대화	WO 외부기회를 이용하여 내부약점을 강점으로 전환
	위협 (Threat)	ST 외부위협을 최소화하기 위해 내부강점을 극대화	WT 내부약점과 외부위협을 최소화

ⓛ 문제 도출 : 선정된 문제를 분석하여 해결해야 할 것이 무엇인지를 명확히 하는 단계로, 문제 구조 파악 → 핵심 문제 선정 단계를 거쳐 수행된다.

- Logic Tree : 문제의 원인을 파고들거나 해결책을 구체화할 때 제한된 시간 안에서 넓이와 깊이를 추구하는데 도움이 되는 기술로 주요 과제를 나무모양으로 분해·정리하는 기술이다.

ⓒ 원인 분석 : 문제 도출 후 파악된 핵심 문제에 대한 분석을 통해 근본 원인을 찾는 단계로 Issue 분석 → Data 분석 → 원인 파악의 절차로 진행된다.

ⓔ 해결안 개발 : 원인이 밝혀지면 이를 효과적으로 해결할 수 있는 다양한 해결안을 개발하고 최선의 해결안을 선택하는 것이 필요하다.

ⓜ 실행 및 평가 : 해결안 개발을 통해 만들어진 실행계획을 실제 상황에 적용하는 활동으로 실행계획 수립 → 실행 → Follow-up의 절차로 진행된다.

예제 4

C사는 최근 국내 매출이 지속적으로 하락하고 있어 사내 분위기가 심상치 않다. 이에 대해 Y부장은 이 문제를 극복하고자 문제처리 팀을 구성하여 해결방안을 모색하도록 지시하였다. 문제처리 팀의 문제해결 절차를 올바른 순서로 나열한 것은?

① 문제 인식 → 원인 분석 → 해결안 개발 → 문제 도출 → 실행 및 평가
② 문제 도출 → 문제 인식 → 해결안 개발 → 원인 분석 → 실행 및 평가
③ 문제 인식 → 원인 분석 → 문제 도출 → 해결안 개발 → 실행 및 평가
④ 문제 인식 → 문제 도출 → 원인 분석 → 해결안 개발 → 실행 및 평가

[출제의도]
실제 업무 상황에서 문제가 일어났을 때 해결 절차를 알고 있는지를 측정하는 문항이다.
[해설]
일반적인 문제해결절차는 '문제 인식 → 문제 도출 → 원인 분석 → 해결안 개발 → 실행 및 평가로 이루어진다.

답 ④

1 신입사원 A는 상사로부터 아직까지 '올해의 K인상' 투표에 참여하지 않은 사원들에게 투표 참여 안내 문자를 발송하라는 지시를 받았다. 다음에 제시된 내용을 바탕으로 할 때, A가 문자를 보내야하는 사원은 몇 명인가?

> '올해의 K인상' 후보에 총 5명(甲~戊)이 올랐다. 수상자는 120명의 신입사원 투표에 의해 결정되며 투표규칙은 다음과 같다.
> • 투표권자는 한 명당 한 장의 투표용지를 받고, 그 투표용지에 1순위와 2순위 각 한 명의 후보자를 적어야 한다.
> • 투표권자는 1순위와 2순위로 동일한 후보자를 적을 수 없다.
> • 투표용지에 1순위로 적힌 후보자에게는 5점이, 2순위로 적힌 후보자에게는 3점이 부여된다.
> • '올해의 K인상'은 개표 완료 후, 총 점수가 가장 높은 후보자가 수상하게 된다.
> • 기권표와 무효표는 없다.
> 현재 투표까지 중간집계 점수는 다음과 같다.

후보자	중간집계 점수
甲	360점
乙	15점
丙	170점
丁	70점
戊	25점

① 50명

② 45명

③ 40명

④ 35명

 1명의 투표권자가 후보자에게 줄 수 있는 점수는 1순위 5점, 2순위 3점으로 총 8점이다. 현재 투표까지 중간집계 점수가 640이므로 80명이 투표에 참여하였으며, 아직 투표에 참여하지 않은 사원은 120−80=40명이다. 따라서 신입사원 A는 40명의 사원에게 문자를 보내야 한다.

2 다음은 이○○씨가 A지점에서 B지점을 거쳐 C지점으로 출근을 할 때 각 경로의 거리와 주행속도를 나타낸 것이다. 이○○씨가 오전 8시 정각에 A지점을 출발해서 B지점을 거쳐 C지점으로 갈 때, 이에 대한 설명 중 옳은 것을 고르면?

구간	경로	주행속도(km/h)		거리(km)
		출근 시간대	기타 시간대	
A→B	경로 1	30	45	30
	경로 2	60	90	
B→C	경로 3	40	60	40
	경로 4	80	120	

※ 출근 시간대는 오전 8시부터 오전 9시까지이며, 그 이외의 시간은 기타 시간대임.

① C지점에 가장 빨리 도착하는 시각은 오전 9시 10분이다.

② C지점에 가장 늦게 도착하는 시각은 오전 9시 20분이다.

③ B지점에 가장 빨리 도착하는 시각은 오전 8시 40분이다.

④ 경로 2와 경로 3을 이용하는 경우와, 경로 1과 경로 4를 이용하는 경우 C지점에 도착하는 시각은 동일하다.

 시간 = $\frac{거리}{속도}$ 공식을 이용하여, 먼저 각 경로에서 걸리는 시간을 구한다.

구간	경로	시간			
		출근 시간대		기타 시간대	
A→B	경로 1	$\frac{30}{30} = 1.0$	1시간	$\frac{30}{45} ≒ 0.67$	약 40분
	경로 2	$\frac{30}{60} = 0.5$	30분	$\frac{30}{90} ≒ 0.33$	약 20분
B→C	경로 3	$\frac{40}{40} = 1.0$	1시간	$\frac{40}{60} ≒ 0.67$	약 40분
	경로 4	$\frac{40}{80} = 0.5$	30분	$\frac{40}{120} ≒ 0.33$	약 20분

④ 경로 2와 3을 이용하는 경우와 경로 1과 경로 4를 이용하는 경우 C지점에 도착하는 시각은 1시간 20분으로 동일하다.

① C지점에 가장 빨리 도착하는 방법은 경로 2와 경로 4를 이용하는 경우이므로, 가장 빨리 도착하는 시각은 1시간이 걸려서 오전 9시가 된다.

② C지점에 가장 늦게 도착하는 방법은 경로 1과 경로 3을 이용하는 경우이므로, 가장 늦게 도착하는 시각은 1시간 40분이 걸려서 오전 9시 40분이 된다.

③ B지점에 가장 빨리 도착하는 방법은 경로 2이므로, 가장 빨리 도착하는 시각은 30분이 걸려서 오전 8시 30분이 된다.

Answer↦ 1.③ 2.④

3 다음은 무농약농산물과 저농약농산물 인증기준에 대한 자료이다. 자신이 신청한 인증을 받을 수 있는 사람을 모두 고르면?

무농약농산물과 저농약농산물의 재배방법은 각각 다음과 같다.
1) 무농약농산물의 경우 농약을 사용하지 않고, 화학비료는 권장량의 2분의 1 이하로 사용하여 재배한다.
2) 저농약농산물의 경우 화학비료는 권장량의 2분의 1 이하로 사용하고, 농약은 살포시기를 지켜 살포 최대횟수의 2분의 1 이하로 사용하여 재배한다.

〈농산물별 관련 기준〉

종류	재배기간 내 화학비료 권장량(kg/ha)	재배기간 내 농약살포 최대횟수	농약 살포시기
사과	100	4	수확 30일 전까지
감	120	4	수확 14일 전까지
복숭아	50	5	수확 14일 전까지

甲 : 5km²의 면적에서 재배기간 동안 농약을 전혀 사용하지 않고 20t의 화학비료를 사용하여 사과를 재배하였으며, 이 사과를 수확하여 무농약농산물 인증신청을 하였다.

乙 : 3ha의 면적에서 재배기간 동안 농약을 1회 살포하고 50kg의 화학비료를 사용하여 복숭아를 재배하였다. 하지만 수확시기가 다가오면서 병충해 피해가 나타나자 농약을 추가로 1회 살포하였고, 열흘 뒤 수확하여 저농약농산물 인증신청을 하였다.

丙 : 가로와 세로가 각각 100m, 500m인 과수원에서 감을 재배하였다. 재배기간 동안 총 2회(올해 4월 말과 8월 초) 화학비료 100kg씩을 뿌리면서 병충해 방지를 위해 농약도 함께 살포하였다. 추석을 맞아 9월 말에 감을 수확하여 저농약농산물 인증신청을 하였다.

※ 1ha=10,000km², 1t=1,000kg

① 甲, 乙
② 甲, 丙
③ 乙, 丙
④ 甲, 乙, 丙

 甲 : 5km²은 500ha이므로 사과를 수확하여 무농약농산물 인증신청을 하려면 농약을 사용하지 않고, 화학비료는 50,000kg(=50t)의 2분의 1 이하로 사용하여 재배해야 한다.
乙 : 복숭아의 농약 살포시기는 수확 14일 전까지이다. 저농약농산물 인증신청을 위한 살포시기를 지키지 못 하였으므로 인증을 받을 수 없다.
丙 : 5ha(100m×500m)에서 감을 수확하여 저농약농산물 인증신청을 하려면 화학비료는 600kg의 2분의 1 이하로 사용하고, 농약은 살포시기를 지켜(수확 14일 전까지) 살포 최대횟수인 4회의 2분의 1 이하로 사용하여 재배해야 한다.

4 다음은 A그룹 근처의 〈맛집 정보〉이다. 주어진 평가 기준에 따라 가장 높은 평가를 받은 곳으로 신년회를 예약하라는 지시를 받았다. A그룹의 신년회 장소는?

〈맛집 정보〉

평가항목 음식점	음식종류	이동거리	가격 (1인 기준)	맛 평점 (★ 5개 만점)	방 예약 가능 여부
자금성	중식	150m	7,500원	★★☆	○
샹젤리제	양식	170m	8,000원	★★★	○
경복궁	한식	80m	10,000원	★★★★	○
도쿄타워	일식	350m	9,000원	★★★★☆	×

※ ☆은 ★의 반 개이다.

〈평가 기준〉
• 평가항목 중 이동거리, 가격, 맛 평점에 대하여 각 항목별로 4, 3, 2, 1점을 각각
  의 음식점에 하나씩 부여한다.
  − 이동거리가 짧은 음식점일수록 높은 점수를 준다.
  − 가격이 낮은 음식점일수록 높은 점수를 준다.
  − 맛 평점이 높은 음식점일수록 높은 점수를 준다.
• 평가항목 중 음식종류에 대하여 일식 5점, 한식 4점, 양식 3점, 중식 2점을 부여
  한다.
• 방 예약이 가능한 경우 가점 1점을 부여한다.
• 총점은 음식종류, 이동거리, 가격, 맛 평점의 4가지 평가항목에서 부여 받은 점수
  와 가점을 합산하여 산출한다.

① 자금성 ② 샹젤리제
③ 경복궁 ④ 도쿄타워

 평가 기준에 따라 점수를 매기면 다음과 같다.

평가항목 음식점	음식 종류	이동 거리	가격 (1인 기준)	맛 평점 (★ 5개 만점)	방 예약 가능 여부	총점
자금성	2	3	4	1	1	11
샹젤리제	3	2	3	2	1	11
경복궁	4	4	1	3	1	13
도쿄타워	5	1	2	4	−	12

따라서 A그룹의 신년회 장소는 경복궁이다.

Answer 3.② 4.③

5 김 대리는 지난 여름 휴가 때 선박을 이용하여 '포항→울릉도→독도→울릉도→포항' 순으로 여행을 다녀왔다. 다음에 제시된 내용을 바탕으로 김 대리가 휴가를 냈던 기간을 추론하면?

> • '포항→울릉도' 선박은 매일 오전 10시, '울릉도→포항' 선박은 매일 오후 3시에 출발하며, 편도 운항에 3시간이 소요된다.
> • 울릉도에서 출발해 독도를 돌아보는 선박은 매주 화요일과 목요일 오전 8시에 출발하여 당일 오전 11시에 돌아온다.
> • 최대 파고가 3m 이상인 날은 모든 노선의 선박이 운항되지 않는다.
> • 김 대리는 매주 금요일에 술을 마시는데, 술을 마신 다음날은 멀미가 심해서 선박을 탈 수 없다.
> • 이번 여행 중 김 대리는 울릉도에서 호박엿 만들기 체험을 했는데, 호박엿 만들기 체험은 매주 월·금요일 오후 6시에만 할 수 있다.
>
> 〈2016년 7월 최대 파고〉
>
> 🌊 : 최대 파고(단위 : m)
>
>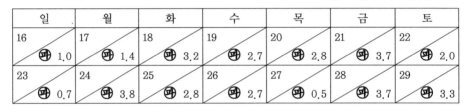
>
> | 일 | 월 | 화 | 수 | 목 | 금 | 토 |
> |---|---|---|---|---|---|---|
> | 16
🌊 1.0 | 17
🌊 1.4 | 18
🌊 3.2 | 19
🌊 2.7 | 20
🌊 2.8 | 21
🌊 3.7 | 22
🌊 2.0 |
> | 23
🌊 0.7 | 24
🌊 3.8 | 25
🌊 2.8 | 26
🌊 2.7 | 27
🌊 0.5 | 28
🌊 3.7 | 29
🌊 3.3 |

① 7월 16일(일)~19일(수)

② 7월 19일(수)~22일(토)

③ 7월 20일(목)~23일(일)

④ 7월 23일(일)~26일(수)

 7월 23일(일)에 포항에서 출발하여 울릉도에 도착한 김 대리는 24일(월) 오후 6시에 호박 엿 만들기 체험을 하고, 25일(화) 오전 8시에 울릉도→독도→울릉도 선박에 탑승할 수 있으며 26일(수) 오후 3시에 울릉도에서 포항으로 돌아올 수 있다.

① 16일(일)에 출발하여 19일(수)에 돌아왔다면 매주 화요일과 목요일에 출발하는 울릉도 →독도→울릉도 선박에 탑승할 수 없다(18일 화요일 최대 파고 3.2).

② 매주 금요일에 술을 마시는 김 대리는 술을 마신 다음날인 22일(토)에는 멀미가 심해서 돌아오는 선박을 탈 수 없다.

③ 20일(목)에 포항에서 울릉도로 출발하면 오후 1시에 도착하는데, 그러면 오전 8시에 출발하는 울릉도→독도→울릉도 선박에 탑승할 수 없다.

6 다음은 주식회사 서원각의 팀별 성과급 지급 기준이다. Y팀의 성과평가결과가 다음과 같다면 지급되는 성과급의 1년 총액은?

〈성과급 지급 방법〉

⑦ 성과급 지급은 성과평가 결과와 연계함.

⑭ 성과평가는 유용성, 안전성, 서비스 만족도의 총합으로 평가함. 단, 유용성, 안전성, 서비스 만족도의 가중치를 각각 0.4, 0.4, 0.2로 부여함.

⑮ 성과평가 결과를 활용한 성과급 지급 기준

성과평가 점수	성과평가 등급	분기별 성과급 지급액	비고
9.0 이상	A	100만 원	성과평가 등급이 A이면 직전분기 차감액의 50%를 가산하여 지급
8.0 이상 9.0 미만	B	90만 원 (10만 원 차감)	
7.0 이상 8.0 미만	C	80만 원 (20만 원 차감)	
7.0 미만	D	40만 원 (60만 원 차감)	

구분	1/4 분기	2/4 분기	3/4 분기	4/4 분기
유용성	8	8	10	8
안전성	8	6	8	8
서비스 만족도	6	8	10	8

① 350만 원   ② 360만 원

③ 370만 원   ④ 380만 원

 먼저 아래 표를 항목별로 가중치를 부여하여 계산하면,

구분	1/4 분기	2/4 분기	3/4 분기	4/4 분기
유용성	$8 \times \frac{4}{10} = 3.2$	$8 \times \frac{4}{10} = 3.2$	$10 \times \frac{4}{10} = 4.0$	$8 \times \frac{4}{10} = 3.2$
안전성	$8 \times \frac{4}{10} = 3.2$	$6 \times \frac{4}{10} = 2.4$	$8 \times \frac{4}{10} = 3.2$	$8 \times \frac{4}{10} = 3.2$
서비스 만족도	$6 \times \frac{2}{10} = 1.2$	$8 \times \frac{2}{10} = 1.6$	$10 \times \frac{2}{10} = 2.0$	$8 \times \frac{2}{10} = 1.6$
합계	7.6	7.2	9.2	8
성과평가 등급	C	C	A	B
성과급 지급액	80만 원	80만 원	110만 원	90만 원

성과평가 등급이 A이면 직전분기 차감액의 50%를 가산하여 지급한다고 하였으므로, 3/4 분기의 성과급은 직전분기 차감액 20만 원의 50%인 10만 원을 가산하여 지급한다.

∴ 80 + 80 + 110 + 90 = 360(만 원)

Answer↦ 5.④ 6.②

7 다음 〈쓰레기 분리배출 규정〉을 준수한 것은?

- 배출 시간 : 수거 전날 저녁 7시~수거 당일 새벽 3시까지(월요일~토요일에만 수거함)
- 배출 장소 : 내 집 앞, 내 점포 앞
- 쓰레기별 분리배출 방법
  - 일반 쓰레기 : 쓰레기 종량제 봉투에 담아 배출
  - 음식물 쓰레기 : 단독주택의 경우 수분 제거 후 음식물 쓰레기 종량제 봉투에 담아서, 공동주택의 경우 음식물 전용용기에 담아서 배출
  - 재활용 쓰레기 : 종류별로 분리하여 투명 비닐봉투에 담아 묶어서 배출
    ① 1종(병류)
    ② 2종(캔, 플라스틱, 페트병 등)
    ③ 3종(폐비닐류, 과자 봉지, 1회용 봉투 등)
      ※ 1종과 2종의 경우 뚜껑을 제기히고 내용물을 비운 후 배출
      ※ 종이류 / 박스 / 스티로폼은 각각 별도로 묶어서 배출
  - 폐가전 · 폐가구 : 폐기물 스티커를 부착하여 배출
- 종량제 봉투 및 폐기물 스티커 구입 : 봉투판매소

① 甲은 토요일 저녁 8시에 일반 쓰레기를 쓰레기 종량제 봉투에 담아 자신의 집 앞에 배출하였다.

② 공동주택에 사는 乙은 먹다 남은 찌개를 그대로 음식물 쓰레기 종량제 봉투에 담아 주택 앞에 배출하였다.

③ 丙은 투명 비닐봉투에 캔과 스티로폼을 함께 담아 자신의 집 앞에 배출하였다.

④ 戊는 집에서 쓰던 냉장고를 버리기 위해 폐기물 스티커를 구입 후 부착하여 월요일 저녁 9시에 자신의 집 앞에 배출하였다.

 ① 배출 시간은 수거 전날 저녁 7시부터 수거 당일 새벽 3시까지인데 일요일은 수거하지 않으므로 토요일 저녁 8시에 쓰레기를 내놓은 甲은 규정을 준수했다고 볼 수 없다.
② 공동주택에서 음식물 쓰레기를 배출할 경우 음식물 전용용기에 담아서 배출해야 한다.
③ 스티로폼은 별도로 묶어서 배출해야 하는 품목이다.

8 다음 〈상황〉과 〈조건〉을 근거로 판단할 때 옳은 것은?

〈상황〉

　A대학교 보건소에서는 4월 1일(월)부터 한 달 동안 재학생을 대상으로 금연교육 4회, 금주교육 3회, 성교육 2회를 실시하려는 계획을 가지고 있다.

〈조건〉

- 금연교육은 정해진 같은 요일에만 주 1회 실시하고, 화, 수, 목요일 중에 해야 한다.
- 금주교육은 월요일과 금요일을 제외한 다른 요일에 시행하며, 주 2회 이상은 실시하지 않는다.
- 성교육은 4월 10일 이전, 같은 주에 이틀 연속으로 실시한다.
- 4월 22일부터 26일까지 중간고사 기간이고, 이 기간에 보건소는 어떠한 교육도 실시할 수 없다.
- 보건소의 교육은 하루에 하나만 실시할 수 있고, 토요일과 일요일에는 교육을 실시할 수 없다.
- 보건소는 계획한 모든 교육을 반드시 4월에 완료하여야 한다.

① 금연교육이 가능한 요일은 화요일과 수요일이다.
② 4월 30일에도 교육이 있다.
③ 금주교육은 4월 마지막 주에도 실시된다.
④ 성교육이 가능한 일정 조합은 두 가지 이상이다.

- 화, 수, 목 중에 실시해야 하는 금연교육을 4회 실시하기 위해서는 반드시 화요일에 해야 한다.
- 10일 이전, 같은 주에 이틀 연속으로 성교육을 실시할 수 있는 날짜는 4~5일뿐이다.

상황과 조건에 따라 A대학교 보건소의 교육 일정을 정리해 보면 다음과 같다.

월	화	수	목	금	토	일
1	금연 2	3	성 4	성 5	X 6	X 7
8	금연 9	10	11	12	X 13	X 14
15	금연 16	17	18	19	X 20	X 21
중 22	간 23	고 24	사 25	주 26	X 27	X 28
29	금연 30					

- 금주교육은 (3, 10, 17), (3, 10, 18), (3, 11, 17), (3, 11, 18) 중 실시할 수 있다.

▌9~10▐ 다음은 조류예보 발령기준과 그에 따른 기관별 조치사항 및 유역별 수질검사 기록에 관한 자료이다. 다음 자료를 보고 이어지는 물음에 답하시오.

〈조류예보 발령기준〉

구분	발령기준
조류주의보	• 2회 연속 채취 시 클로로필a 농도 15~25mg/m³ 미만 • 남조류세포 수 500~5,000cells/mL 미만 * 이상의 조건에 모두 해당 시
조류경보	• 2회 연속 채취 시 클로로필a 농도 25mg/m³ 이상 • 남조류세포 수 5,000cells/mL 이상 * 이상의 조건에 모두 해당 시
조류대발생경보	• 2회 연속 채취 시 클로로필a 농도 100mg/m³ 이상 • 남조류세포 수 100만cells/mL 이상 * 이상의 조건에 모두 해당 시
해제	• 2회 연속 채취 시 클로로필a 농도 15mg/m³ 미만 • 남조류세포 수 500cells/mL 미만 * 이상의 조건에 모두 해당 시

〈조류예보 발령에 따른 조치사항〉

관계기관 / 조류예보	물환경연구소장, 보건환경연구원장	수면관리자, 수도사업자	취·정수장 관리자	유역 환경청장 또는 시·도지사
조류주의보	-주 1회 이상 시료 채취 및 분석 -발령기관에 대한 시험분석 결과의 신속한 통보	-취수구와 조류가 심한 지역에 대한 방어막 설치 등 조류 제거 조치 실시	-정수처리 강화(활성탄 처리, 오존 처리)	-조류주의보 발령 -주변 오염원에 대한 철저한 지도·단속
조류경보	-주 2회 이상 시료 채취 및 분석(클로로필a, 남조류 세포 수, 취기, 독소) -발령기관에 대한 시험분석 결과의 신속한 통보	-취수구와 조류가 심한 지역에 대한 방어막 설치 등 조류 제거 조치 실시	-조류증식 수심 이하로 취수구 이동 -정수처리 강화(활성탄 처리, 오존 처리) -정수의 독소 분석 실시	-조류경보 발령 및 대중매체를 통한 홍보 -주변 오염원에 대한 단속 강화 -수상스키, 수영, 낚시, 취사 등의 활동 자제 권고 -어패류 어획·식용 및 가축방목의 자제 권고

조류대발생경보	−주 2회 이상 시료 채취 및 분석(클로로필a, 남조류 세포 수, 취기, 독소) −발령기관에 대한 시험분석 결과의 신속한 통보	−취수구와 조류 우심지역에 대한 방어막 설치 등 조류 제거 조치 실시 −황토 등 흡착제 살포, 조류제거선 등을 이용한 조류 제거 조치 실시	−조류증식 수심 이하로 취수구 이동 −정수처리 강화(활성탄 처리, 오존 처리) −정수의 독소 분석 실시	−조류대발생경보 발령 및 대중매체를 통한 홍보 −주변 오염원에 대한 지속적인 단속 강화 −수상스키, 수영, 낚시, 취사 등의 활동 금지 −어패류 어획·식용 및 가축방목의 금지
해제	−발령기관에 대한 시험분석 결과의 신속한 통보			−각종 경보 해제 및 대중매체를 통한 홍보

〈유역별 수질검사 기록부〉

검사자	홍길동 과장
검사일자	1월 5일(1차), 1월 12일(2차)
수온 측정 결과	1차, 2차 모두 적정
검사결과	

(단위: mg/m^3, 만cells/mL)

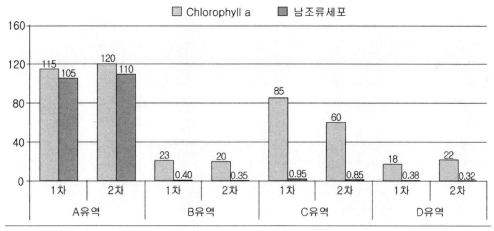

9 다음 중 조류예보제에 대하여 올바르게 이해한 설명은 어느 것인가?

① C유역에서 남조류세포 수가 폭발적으로 증가할 경우 즉시 조류대발생경보가 내려지게 된다.

② 클로로필a의 농도는 1회 채취 결과만으로도 조류예보 발령의 근거가 될 수 있다.

③ 조류대발생경보 이후 클로로필a와 남조류세포의 수치가 조류주의보 수준으로 감소하면 해제경보를 발령할 수 있다.

④ 조류예보 발령을 위해 필요한 남조류세포 수의 증식량은 조류경보보다 조류대발생경보의 경우가 더 많다.

 조류경보 발령을 위해서는 이전 단계인 조류주의보 시보다 최대 10배의 남조류세포 수 증식이 필요하지만, 조류대발생경보 발령을 위해서는 이전 단계인 조류경보 시보다 200배이상의 남조류세포 수 증식이 필요할 수 있다.
① C유역은 남조류세포뿐만 아니라 클로로필a의 농도도 조류대발생경보의 조건을 충족하지 못하므로 올바르지 않은 설명이다.
② 조류예보 발령의 근거 기준은 2회 채취 시의 결과이다.
③ 해제경보는 조류주의보 수준보다 낮은 결과 수치가 나와야 발령이 가능하다.

10 위의 자료를 참고할 때, 각 유역별 조류 상황과 그에 따른 조치사항으로 옳지 않은 것은?

① D유역에는 조류주의보가 발령되어야 한다.

② D유역은 B유역보다 수질이 양호한 상태이므로 더 낮은 단계의 조류예보가 발령되어야 한다.

③ 수영이나 낚시 등의 활동이 금지되는 유역은 1곳이다.

④ A유역의 수면관리자는 흡착제 살포를 통하여 조류제거 작업을 실시하여야 한다.

 D유역과 B유역 모두 조류주의보 단계에 해당된다. 또한 1차와 2차 수질검사 자료만으로 D유역의 수질이 B유역보다 양호하다고 판단할 수는 없다.
① 그래프에서 제시된 수치를 보면 A, B, C, D유역이 각각 조류대발생경보, 조류주의보, 조류경보, 조류주의보 상태임을 알 수 있다.
③ 수영이나 낚시가 금지되는 것은 조류대발생경보 시이므로 A유역 1곳에 해당된다.
④ A유역은 조류대발생경보 지역이므로 수면관리자의 흡착제 살포를 통한 조류제거 작업이 요구된다.

11 경기도 안산에 있는 상록수물산에서 일하는 박대리의 문서 처리방법 중 가장 적절하지 못한 것은?

① 내일까지 부산지사에 문서가 도착하도록 오전 중에 특급우편으로 발송하였다.

② 대표이사 앞으로 수신된 우편물을 문서 접수 대장에 기록한 후 전달하였다.

③ 접수된 우편물은 모두 개봉한 후 배부하여 문서 처리를 신속하게 하였다.

④ 2015년 1월 4일자 소인이 찍힌 우편물을 2월 1일에 받아서 봉투를 보관해두었다.

> (Tip) 상사 개인에게 보내 온 편지나 친전, CONFIDENTIAL 등은 개봉하지 말고 상사에게 직접 전한다.

12 다음과 같이 상사 앞으로 팩스 전송된 심포지엄 초청장을 수령하였다. 상사는 현재 출장 중이며 5월 29일 귀국 예정이다. 부하직원의 대처로서 가장 적절하지 않은 것은?

> 1. 일시 : 2012년 5월 31일(목) 13:30~17:00
> 2. 장소 : 미래연구소 5층 회의실
> 3. 기타 : 회원(150,000원) / 비회원(200,000원)
> 4. 발표주제 : 지식경영의 주체별 역할과 대응방향
>   A. 국가 : 지식국가로 가는 길(미래 연구소 류상영 실장)
>   B. 기업 : 한국기업 지식경영모델(S연수원 김영수 이사)
>   C. 지식인의 역할과 육성방안(S연수원 황철 이사)
> 5. 문의 및 연락처 : 송수현 대리(전화 02-3780-8025)

① 상사의 일정가능여부 확인 후 출장 중에 있는 상사에게 간략하게 심포지엄 내용을 보고한다.

② 선임 대리에게 연락하여 참여인원 제한여부 등 관련 정보를 수집한다.

③ 상사가 이미 5월 31일 다른 일정이 있으므로 선임 대리에게 상사가 참석 불가능하다는 것을 알린다.

④ 상사에게 대리참석여부를 확인하여 관련자에게 상사의 의사가 전달될 수 있도록 한다.

> (Tip) 일정의 최종 결정권한은 상사에게 있으므로 비서 스스로 독단적으로 처리해서는 안 된다.

13 최근 K회사의 주가가 급락하고 있는 상황에서 고객관리부로 주주들의 전화가 빗발치고 있다. 이러한 상황에서의 전화응대로 가장 적절한 것은?

① 주주의 알 권리를 충족시켜드리기 위해 주가가 급락하고 있는 이유에 대한 자신의 견해를 최대한 말한다.

② 주주는 회사를 둘러싼 이해관계자들 중에 가장 중요한 존재이므로 전화가 올 때마다 상사와 바로 연결해드린다.

③ 불만 주주들의 의견을 들은 후 정중히 사과하고 주식담당자에게 전화를 돌려드린다.

④ 관련 전화가 너무 많이 올 경우, 업무손실을 막기 위해 본인 담당업무가 아니라는 것을 공손하게 말한 후 전화를 끊는다.

> (Tip) 주주들의 불만을 공감하고 경청한 뒤 정중히 사과하고 부서 담당자에게 연결해 문제를 해결하도록 한다.

14 최 대리, 남 대리, 양 과장, 강 사원, 이 과장 5명은 사내 기숙사 A동~E동에 나누어 숙소를 배정받았다. 다음 조건을 참고할 때, 같은 동에 배정받을 수 있는 두 사람이 올바르게 짝지어진 것은 어느 것인가?

- 최 대리는 C동, D동, E동에 배정받지 않았다.
- 남 대리는 A동, C동, D동에 배정받지 않았다.
- 양 과장은 B동, D동, E동에 배정받지 않았다.
- 강 사원은 B동, C동, E동에 배정받지 않았다.
- 이 과장은 A동, C동, E동에 배정받지 않았다.
- 아무도 배정받지 않은 동은 C동뿐이다.
- A동은 두 사람이 배정받은 동이 아니다.

① 남 대리, 이 과장
② 최 대리, 강 사원
③ 양 과장, 강 사원
④ 강 사원, 이 과장

조건을 참고하여 내용을 표로 정리하면 다음과 같다.

A동	B동	C동	D동	E동
최 대리, 강 사원 양 과장	남 대리 최 대리, 이 과장		강 사원, 이 과장	남 대리

C동에 아무도 배정받지 않았다는 것은 나머지 4개의 동 중 2명이 배정받은 동이 있다는 의미가 된다. 우선, 남 대리는 E동에 배정받은 것을 알 수 있다. 또한 B동과 D동에 양 과장이 배정받지 않았으므로 양 과장은 A동에 배정받은 것이 되며, A동은 두 사람이 배정받은 동이 아니므로 나머지 인원은 A동에 배정받지 않았음을 알 수 있다. 따라서 B동에는 남 대리를 제외한 최 대리, 이 과장이 배정받을 수 있고, D동에는 강 사원, 이 과장이 배정받을 수 있다. 이것은 결국 B동에는 최 대리, D동에는 강 사원이 배정받은 것이 되며, 이 과장이 배정받은 동만 정해지지 않은 상태가 된다.
따라서 주어진 조건에 의하면 최 대리와 이 과장 또는 강 사원과 이 과장이 같은 동에 배정받을 수 있다.

15 새로 부임한 상사와 다음과 같은 업무갈등을 느끼고 있다. 이를 해결하기 위한 방안으로 가장 바람직하지 않은 것은?

> 새로 부임한 상사의 지시 스타일은 세부지시를 구체적으로 말하지 않는 편이다. 그래서 어떤 업무의 경우, 자신의 경험적 판단으로 업무를 수행하다 보니 상사의 의도와 다른 결과를 초래하곤 하였다.
> 이러한 문제 상황이 발생했을 때 상황을 설명하려고 하면 상사의 표정이 좋지 않은 것 같아 마음이 편하지가 않다.

① 새로 부임한 상사의 언어 습관을 관찰하여 이를 수용하고자 한다.
② 지시가 끝난 후에라도 명확하지 않은 경우 다시 한 번 복창하여 커뮤니케이션의 오해를 없앤다.
③ 상사의 비언어적 커뮤니케이션을 관찰하면서 보고할 때는 결론부터 먼저 설명하고 상황설명의 정도를 파악한다.
④ 전임상사와의 다름을 인정하고 상사가 불편해 하지 않도록 최소한의 업무관계를 유지하도록 노력한다.

 정확한 업무처리를 위해서는 문제를 회피하는 것을 옳지 않다. 새로 부임한 상사의 지시 스타일에 맞춰 가는 것이 필요하다.

Answer→ 13.③ 14.④ 15.④

16 다음 중 특정 문제 영역에 관한 전문 지식을 지식 데이터베이스에 저장하고 이를 기초로 해당 문제 영역에 관한 다양한 문제를 해결하고자 하는 시스템을 무엇이라고 하는가?

① 전략정보 시스템

② 의사결정 지원 시스템

③ 인공신경망 시스템

④ 전문가 시스템

 전문가 시스템 … 전문가가 가지고 있는 지식을 인위적으로 컴퓨터에 부여하여 그 방면에 비전문가라 할지라도 그러한 전문가의 지식을 이용하여 상호 대화를 통해 원하는 결과를 얻을 수 있는 일종의 자문형 컴퓨터 시스템을 말한다.

17 표는 A씨의 금융 상품별 투자 보유 비중 변화를 나타낸 것이다. (가)에서 (나)로 변경된 내용으로 옳은 설명을 고르면?

금융 상품		(가)	(나)
		보유 비중(%)	
주식	○○(주)	30	20
	△△(주)	20	0
저축	보통예금	10	20
	정기적금	20	20
채권	국·공채	20	40

㉠ 직접금융 종류에 해당하는 상품 투자 보유 비중이 낮아졌다.

㉡ 수익성보다 안정성이 높은 상품 투자 보유 비중이 높아졌다.

㉢ 배당 수익을 받을 수 있는 자본 증권 투자 보유 비중이 높아졌다.

㉣ 일정 기간 동안 일정 금액을 예치하는 예금 보유 비중이 낮아졌다.

① ㉠㉡

② ㉠㉢

③ ㉡㉢

④ ㉡㉣

 주식, 채권은 직접 금융 시장에서 자금을 조달하며, 주식은 수익성이 높으며, 저축과 채권은 주식보다는 안정성이 높다.

18 다음은 ○○기업의 구인 의뢰서이다. 이에 대한 옳은 설명은?

○○기업과 함께 할 인재를 모십니다.

1. 회사 현황
   가. 생산 품목 : 공장 자동화 생산 설비품
   나. 종업원 현황 : 110명(상시)
2. 근무 형태
   가. 근무 시간 : 09 : 00 ~ 18 : 00, 주 5일 근무
   나. 주 2회 시간외 근무(희망자) : 19 : 00 ~ 23 : 00
3. 급여 및 복지
   가. 기본급 : 150만원(수습 기간 3개월은 80 %)
   나. 시간외 근무 수당 : 8만원(1회 당)
   다. 상여금 : 명절(추석 및 설) 휴가비 기본급의 100 %
   라. 기타 : 4대 보험, 중식 및 기숙사 제공
4. 모집 인원
   가. 특성화고, 마이스터고 관련 학과 재학생 및 졸업생 00명
   나. 관련 직종 자격증 소지자 우대함

---

① 기업의 형태는 대기업이다.
② 법정 복리 후생을 제공하고 있다.
③ 기준 외 임금은 제시되어 있지 않다.
④ 시간급 형태의 임금을 지급하고 있다.

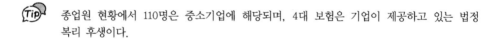 종업원 현황에서 110명은 중소기업에 해당되며, 4대 보험은 기업이 제공하고 있는 법정 복리 후생이다.

┃19~20┃ 다음 상황과 자료를 보고 물음에 답하시오.

> 도서출판 서원각에 근무하는 K씨는 고객으로부터 9급 건축직 공무원 추천도서를 요청받았다. K씨는 도서를 추천하기 위해 다음과 같은 9급 건축직 발행도서의 종류와 특성을 참고하였다.

K씨 : 감사합니다. 도서출판 서원각입니다.

고객 : 9급 공무원 건축직 관련 도서 추천을 좀 받고 싶습니다.

K씨 : 네, 어떤 종류의 도서를 원하십니까?

고객 : 저는 기본적으로 이론은 대학에서 전공을 했습니다. 그래서 많은 예상문제를 풀 수 있는 것이 좋습니다.

K씨 : 아. 문제가 많은 것이라면 딱 잘라서 말씀드리기가 어렵습니다.

고객 : 알아요. 그래도 적당히 가격도 그리 높지 않고 예상문제기 많이 들어 있는 것이면 됩니다.

K씨 : 네. 알겠습니다. 많은 예상문제풀이가 가능한 것 외에는 다른 필요한 사항은 없으십니까?

고객 : 가급적이면 20,000원 이하가 좋을 듯 합니다.

도서명	예상문제 문항 수	기출문제 수	이론 유무	가격
실력평가모의고사	400	120	무	18,000
전공문제집	500	160	유	25,000
문제완성	600	40	무	20,000
합격선언	300	200	유	24,000

19 다음 중 K씨가 고객의 요구에 맞는 도서를 추천해 주기 위해 가장 우선적으로 고려해야 하는 특성은 무엇인가?

① 기출문제 수

② 이론 유무

③ 가격

④ 예상문제 문항 수

> (Tip) 고객은 많은 문제를 풀어보기를 원하므로 우선적으로 예상문제의 수가 많은 것을 찾아야 한다.

20 고객의 요구를 종합적으로 반영하였을 때 많은 문제와 가격을 맞춘 가장 적당한 도서는?

① 실력평가모의고사

② 전공문제집

③ 문제완성

④ 합격선언

Tip 고객의 요구인 20,000원 가격선과 예상문제의 수가 많은 도서는 문제완성이 된다.

▌21～25 ▌ 甲은 일본 후쿠오카로 출장을 가게 되었다. 출장에서 들러야 할 곳은 지요겐초구치 (H03), 무로미(K02), 후쿠오카공항(K13), 자야미(N09), 덴진미나미(N16)의 다섯 곳으로, 모든 이동은 지하철로 하는데 지하철이 한 정거장을 이동하는 데에는 3분이 소요되며 다른 노선으로 환승을 하는 경우에는 10분이 소요된다. 다음 물음에 답하시오.

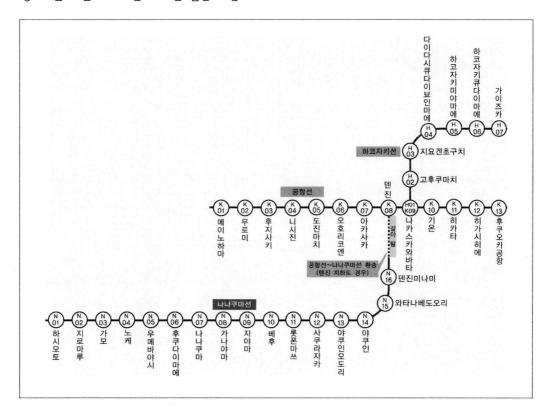

21 甲은 지금 후쿠오카공항역에 있다. 현재 시간이 오전 9시라면, 지요겐초구치역에 도착하는 시간은?

① 9시 28분   ② 9시 31분

③ 9시 34분   ④ 9시 37분

(Tip) 후쿠오카공항(K13)역에서 나카스카와바타(K09)역까지 4개 역을 이동하는 데 12분이 걸리고, 공항선에서 하코자키선으로 환승하는 데 10분, 나카스카와바타(H01)역에서 지요겐초구치(H03)역까지 2개 역을 이동하는 데 6분이 걸린다. 따라서 후쿠오카공항(K13)역에서 오전 9시에 출발할 경우, 지요겐초구치(H03)역에는 28분 후인 9시 28분에 도착한다.

22 지요겐초구치 → 무로미 → 후쿠오카공항 → 자야미 → 덴진미나미의 순으로 움직인다면, 덴진역은 총 몇 번 지나는가?

① 2번   ② 3번

③ 4번   ④ 5번

(Tip) 지요겐초구치(H03) → 무로미(K02) → 후쿠오카공항(K13) → 자야미(N09) → 덴진미나미(N16)의 순으로 움직인다면, H03역에서 K02역으로 이동 할 때 1번, K02역에서 K13역으로 이동할 때 1번, K13역에서 N09역으로 이동할 때 1번으로, 총 3번 덴진(K08)역을 지난다.

23 자야마역에서 무로미역을 거쳐 지요겐초고치역으로 간다면, 총 몇 개의 정거장을 이동해야 하는가?

① 21개   ② 22개

③ 23개   ④ 24개

(Tip) 자야마(N09)역에서 무로미(K02)역으로 이동하는 데 14개, 무로미(K02)역에서 지요겐초고치(H03)역으로 이동하는 데 9개로 총 23개를 이동해야 한다.

24 나나쿠마역에 있는 甲이 니시진역에 있던 乙과 중간 역에서 만나기로 하였다면, 어느 역에서 만나게 되는가? (단, 시간은 고려하지 않는다.)

① 덴진역

② 덴진미나미역

③ 오타나베도오리역

④ 야쿠인역

 나나쿠마(N07)역과 니시진(K04)역에서 7개씩 이동하면 야쿠인(N14)역에서 만난다.

25 지요겐초구치역에서 와타나베도오리역까지 가는 데 걸리는 시간은?

① 26분

② 28분

③ 30분

④ 32분

 지요겐초구치(H03)역에서 나카스카와바타(H01)역으로 이동하는 데 6분, 하코자키선에서 공항선으로 환승하는 데 10분, 나카스카와바타(K09)역에서 덴진(K08)역으로 이동하는 데 3분, 공항선에서 나나쿠마선으로 환승하는 데 10분, 덴진미나미(N16)역에서 와타나베도오리(N15)역까지 이동하는 데 3분 걸린다. 따라서 총 6 + 10 + 3 + 10 + 3 = 32분이 걸린다.

03 수리능력

1 직장생활과 수리능력

(1) 기초직업능력으로서의 수리능력

① 개념 : 직장생활에서 요구되는 사칙연산과 기초적인 통계를 이해하고 도표의 의미를 파악하거나 도표를 이용해서 결과를 효과적으로 제시하는 능력을 말한다.

② 수리능력은 크게 기초연산능력, 기초통계능력, 도표분석능력, 도표작성능력으로 구성된다.
  ㉠ 기초연산능력 : 직장생활에서 필요한 기초적인 사칙연산과 계산방법을 이해하고 활용할 수 있는 능력
  ㉡ 기초통계능력 : 평균, 합계, 빈도 등 직장생활에서 자주 사용되는 기초적인 통계기법을 활용하여 자료의 특성과 경향성을 파악하는 능력
  ㉢ 도표분석능력 : 그래프, 그림 등 도표의 의미를 파악하고 필요한 정보를 해석하는 능력
  ㉣ 도표작성능력 : 도표를 이용하여 결과를 효과적으로 제시하는 능력

(2) 업무수행에서 수리능력이 활용되는 경우

① 업무상 계산을 수행하고 결과를 정리하는 경우

② 업무비용을 측정하는 경우

③ 고객과 소비자의 정보를 조사하고 결과를 종합하는 경우

④ 조직의 예산안을 작성하는 경우

⑤ 업무수행 경비를 제시해야 하는 경우

⑥ 다른 상품과 가격비교를 하는 경우

⑦ 연간 상품 판매실적을 제시하는 경우

⑧ 업무비용을 다른 조직과 비교해야 하는 경우

⑨ 상품판매를 위한 지역조사를 실시해야 하는 경우

⑩ 업무수행과정에서 도표로 주어진 자료를 해석하는 경우

⑪ 도표로 제시된 업무비용을 측정하는 경우

예제 1

다음 자료를 보고 주어진 상황에 대한 물음에 답하시오.

〈근로소득에 대한 간이 세액표〉

월 급여액(천 원) [비과세 및 학자금 제외]		공제대상 가족 수				
이상	미만	1	2	3	4	5
2,500	2,520	38,960	29,280	16,940	13,570	10,190
2,520	2,540	40,670	29,960	17,360	13,990	10,610
2,540	2,560	42,380	30,640	17,790	14,410	11,040
2,560	2,580	44,090	31,330	18,210	14,840	11,460
2,580	2,600	45,800	32,680	18,640	15,260	11,890
2,600	2,620	47,520	34,390	19,240	15,680	12,310
2,620	2,640	49,230	36,100	19,900	16,110	12,730
2,640	2,660	50,940	37,810	20,560	16,530	13,160
2,660	2,680	52,650	39,530	21,220	16,960	13,580
2,680	2,700	54,360	41,240	21,880	17,380	14,010
2,700	2,720	56,070	42,950	22,540	17,800	14,430
2,720	2,740	57,780	44,660	23,200	18,230	14,850
2,740	2,760	59,500	46,370	23,860	18,650	15,280

※ 갑근세는 제시되어 있는 간이 세액표에 따름
※ 주민세=갑근세의 10%
※ 국민연금=급여액의 4.50%
※ 고용보험=국민연금의 10%
※ 건강보험=급여액의 2.90%
※ 교육지원금=분기별 100,000원(매 분기별 첫 달에 지급)

박○○ 사원의 5월 급여내역이 다음과 같고 전월과 동일하게 근무하였으나 특별수당은 없고 차량지원금으로 100,000원을 받게 된다면, 6월에 받게 되는 급여는 얼마인가? (단, 원 단위 절삭)

(주) 서원플랜테크 5월 급여내역			
성명	박○○	지급일	5월 12일
기본급여	2,240,000	갑근세	39,530
직무수당	400,000	주민세	3,950
명절 상여금		고용보험	11,970
특별수당	20,000	국민연금	119,700
차량지원금		건강보험	77,140
교육지원		기타	
급여계	2,660,000	공제합계	252,290
		지급총액	2,407,710

① 2,443,910
② 2,453,910
③ 2,463,910
④ 2,473,910

[출제의도]
업무상 계산을 수행하거나 결과를 정리하고 업무비용을 측정하는 능력을 평가하기 위한 문제로서, 주어진 자료에서 문제를 해결하는 데에 필요한 부분을 빠르고 정확하게 찾아내는 것이 중요하다.

[해설]

기본 급여	2,240,000	갑근세	46,370
직무 수당	400,000	주민세	4,630
명절 상여금		고용 보험	12,330
특별 수당		국민 연금	123,300
차량 지원금	100,000	건강 보험	79,460
교육 지원		기타	
급여계	2,740,000	공제 합계	266,090
		지급 총액	2,473,910

답 ④

(3) 수리능력의 중요성

① 수학적 사고를 통한 문제해결

② 직업세계의 변화에의 적응

③ 실용적 가치의 구현

(4) 단위환산표

구분	단위환산
길이	1cm = 10mm, 1m = 100cm, 1km = 1,000m
넓이	1cm² = 100mm², 1m² = 10,000cm², 1km² = 1,000,000m²
부피	1cm³ = 1,000mm³, 1m³ = 1,000,000cm³, 1km³ = 1,000,000,000m³
들이	1mℓ = 1cm³, 1dℓ = 100cm³, 1L = 1,000cm³ = 10dℓ
무게	1kg = 1,000g, 1t = 1,000kg = 1,000,000g
시간	1분 = 60초, 1시간 = 60분 = 3,600초
할푼리	1푼 = 0.1할, 1리 = 0.01할, 1모 = 0.001할

예제 2

둘레의 길이가 4.4km인 정사각형 모양의 공원이 있다. 이 공원의 넓이는 몇 a인가?

① 12,100a

② 1,210a

③ 121a

④ 12.1a

[출제의도]
길이, 넓이, 부피, 들이, 무게, 시간, 속도 등 단위에 대한 기본적인 환산 능력을 평가하는 문제로서, 소수점 계산이 필요하며, 자릿수를 읽고 구분할 줄 알아야 한다.

[해설]
공원의 한 변의 길이는
$4.4 \div 4 = 1.1(\text{km})$이고
$1\text{km}^2 = 10000\text{a}$이므로
공원의 넓이는
$1.1\text{km} \times 1.1\text{km} = 1.21km^2$
$= 12100a$

답 ①

2 수리능력을 구성하는 하위능력

(1) 기초연산능력

① **사칙연산** : 수에 관한 덧셈, 뺄셈, 곱셈, 나눗셈의 네 종류의 계산법으로 업무를 원활하게 수행하기 위해서는 기본적인 사칙연산뿐만 아니라 다단계의 복잡한 사칙연산까지도 수행할 수 있어야 한다.

② **검산** : 연산의 결과를 확인하는 과정으로 대표적인 검산방법으로 역연산과 구거법이 있다.
  - ㉠ **역연산** : 덧셈은 뺄셈으로, 뺄셈은 덧셈으로, 곱셈은 나눗셈으로, 나눗셈은 곱셈으로 확인하는 방법이다.
  - ㉡ **구거법** : 원래의 수와 각 자리 수의 합이 9로 나눈 나머지가 같다는 원리를 이용한 것으로 9를 버리고 남은 수로 계산하는 것이다.

예제 3

다음 식을 바르게 계산한 것은?

$$1 + \frac{2}{3} + \frac{1}{2} - \frac{3}{4}$$

① $\frac{13}{12}$

② $\frac{15}{12}$

③ $\frac{17}{12}$

④ $\frac{19}{12}$

[출제의도]
직장생활에서 필요한 기초적인 사칙연산과 계산방법을 이해하고 활용할 수 있는 능력을 평가하는 문제로서, 분수의 계산과 통분에 대한 기본적인 이해가 필요하다.
[해설]
$$\frac{12}{12} + \frac{8}{12} + \frac{6}{12} - \frac{9}{12} = \frac{17}{12}$$

답 ③

---

(2) 기초통계능력

① **업무수행과 통계**
  - ㉠ **통계의 의미** : 통계란 집단현상에 대한 구체적인 양적 기술을 반영하는 숫자이다.
  - ㉡ **업무수행에 통계를 활용함으로써 얻을 수 있는 이점**
    - 많은 수량적 자료를 처리가능하고 쉽게 이해할 수 있는 형태로 축소
    - 표본을 통해 연구대상 집단의 특성을 유추
    - 의사결정의 보조수단
    - 관찰 가능한 자료를 통해 논리적으로 결론을 추출·검증

© 기본적인 통계치

- 빈도와 빈도분포 : 빈도란 어떤 사건이 일어나거나 증상이 나타나는 정도를 의미하며, 빈도분포란 빈도를 표나 그래프로 종합적으로 표시하는 것이다.
- 평균 : 모든 사례의 수치를 합한 후 총 사례 수로 나눈 값이다.
- 백분율 : 전체의 수량을 100으로 하여 생각하는 수량이 그중 몇이 되는가를 퍼센트로 나타낸 것이다.

② 통계기법

㉠ 범위와 평균

- 범위 : 분포의 흩어진 정도를 가장 간단히 알아보는 방법으로 최곳값에서 최젓값을 뺀 값을 의미한다.
- 평균 : 집단의 특성을 요약하기 위해 가장 자주 활용하는 값으로 모든 사례의 수치를 합한 후 총 사례 수로 나눈 값이다.
- 관찰값이 1, 3, 5, 7, 9일 경우 범위는 9 − 1 = 8이 되고, 평균은 $\dfrac{1+3+5+7+9}{5}$ = 5가 된다.

㉡ 분산과 표준편차

- 분산 : 관찰값의 흩어진 정도로, 각 관찰값과 평균값의 차의 제곱의 평균이다.
- 표준편차 : 평균으로부터 얼마나 떨어져 있는가를 나타내는 개념으로 분산값의 제곱근 값이다.
- 관찰값이 1, 2, 3이고 평균이 2인 집단의 분산은 $\dfrac{(1-2)^2+(2-2)^2+(3-2)^2}{3} = \dfrac{2}{3}$ 이고 표준편차는 분산값의 제곱근 값인 $\sqrt{\dfrac{2}{3}}$ 이다.

③ 통계자료의 해석

㉠ 다섯숫자요약

- 최솟값 : 원자료 중 값의 크기가 가장 작은 값
- 최댓값 : 원자료 중 값의 크기가 가장 큰 값
- 중앙값 : 최솟값부터 최댓값까지 크기에 의하여 배열했을 때 중앙에 위치하는 사례의 값
- 하위 25%값 · 상위 25%값 : 원자료를 크기 순으로 배열하여 4등분한 값

㉡ 평균값과 중앙값 : 평균값과 중앙값은 그 개념이 다르기 때문에 명확하게 제시해야 한다.

예제 4

인터넷 쇼핑몰에서 회원가입을 하고 디지털캠코더를 구매하려고 한다. 다음은 구입하고자 하는 모델에 대하여 인터넷 쇼핑몰 세 곳의 가격과 조건을 제시한 표이다. 표에 있는 모든 혜택을 적용하였을 때 디지털캠코더의 배송비를 포함한 실제 구매가격을 바르게 비교한 것은?

구분	A 쇼핑몰	B 쇼핑몰	C 쇼핑몰
정상가격	129,000원	131,000원	130,000원
회원혜택	7,000원 할인	3,500원 할인	7% 할인
할인쿠폰	5% 쿠폰	3% 쿠폰	5,000원
중복할인여부	불가	가능	불가
배송비	2,000원	무료	2,500원

① A<B<C

② B<C<A

③ C<A<B

④ C<B<A

[출제의도]
직장생활에서 자주 사용되는 기초적인 통계기법을 활용하여 자료의 특성과 경향성을 파악하는 능력이 요구되는 문제이다.
[해설]
㉠ A 쇼핑몰
 • 회원혜택을 선택한 경우:
  $129,000-7,000+2,000=124,000$(원)
 • 5% 할인쿠폰을 선택한 경우:
  $129,000\times0.95+2,000$
  $=124,550$
㉡ B 쇼핑몰:
  $131,000\times0.97-3,500$
  $=123,570$
㉢ C 쇼핑몰
 • 회원혜택을 선택한 경우:
  $130,000\times0.93+2,500$
  $=123,400$
 • 5,000원 할인쿠폰을 선택한 경우: $130,000-5,000+2,500=127,500$
 ∴ C<B<A

답 ④

(3) 도표분석능력

① 도표의 종류

㉠ **목적별** : 관리(계획 및 통제), 해설(분석), 보고

㉡ **용도별** : 경과 그래프, 내역 그래프, 비교 그래프, 분포 그래프, 상관 그래프, 계산 그래프

㉢ **형상별** : 선 그래프, 막대 그래프, 원 그래프, 점 그래프, 층별 그래프, 레이더 차트

② 도표의 활용
　㉠ 선 그래프

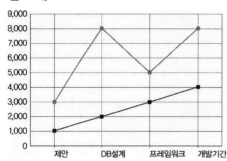

- 주로 시간의 경과에 따라 수량에 의한 변화 상황(시계열 변화)을 절선의 기울기로 나타내는 그래프이다.
- 경과, 비교, 분포를 비롯하여 상관관계 등을 나타낼 때 쓰인다.

　㉡ 막대 그래프

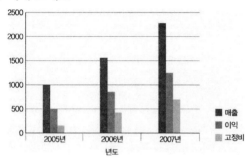

- 비교하고자 하는 수량을 막대 길이로 표시하고 그 길이를 통해 수량 간의 대소 관계를 나타내는 그래프이다.
- 내역, 비교, 경과, 도수 등을 표시하는 용도로 쓰인다.

　㉢ 원 그래프

산업별 분포

- 내역이나 내용의 구성비를 원을 분할하여 나타낸 그래프이다.
- 전체에 대해 부분이 차지하는 비율을 표시하는 용도로 쓰인다.

ⓔ 점 그래프

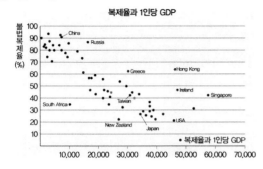

• 종축과 횡축에 2요소를 두고 보고자 하는 것이 어떤 위치에 있는가를 나타내는 그래프이다.
• 지역분포를 비롯하여 도시, 지방, 기업, 상품 등의 평가나 위치·성격을 표시하는데 쓰인다.

ⓜ 층별 그래프

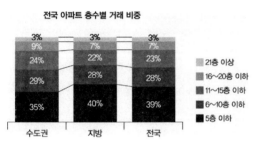

• 선 그래프의 변형으로 연속내역 봉 그래프라고 할 수 있다. 선과 선 사이의 크기로 데이터 변화를 나타낸다.
• 합계와 부분의 크기를 백분율로 나타내고 시간적 변화를 보고자 할 때나 합계와 각 부분의 크기를 실수로 나타내고 시간적 변화를 보고자 할 때 쓰인다.

ⓗ 레이더 차트(거미줄 그래프)

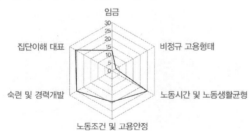

• 원 그래프의 일종으로 비교하는 수량을 직경, 또는 반경으로 나누어 원의 중심에서의 거리에 따라 각 수량의 관계를 나타내는 그래프이다.
• 비교하거나 경과를 나타내는 용도로 쓰인다.

③ 도표 해석상의 유의사항

　　㉠ 요구되는 지식의 수준을 넓힌다.

　　㉡ 도표에 제시된 자료의 의미를 정확히 숙지한다.

　　㉢ 도표로부터 알 수 있는 것과 없는 것을 구별한다.

　　㉣ 총량의 증가와 비율의 증가를 구분한다.

　　㉤ 백분위수와 사분위수를 정확히 이해하고 있어야 한다.

예제 5

다음 표는 2009 ~ 2010년 지역별 직장인들의 자기개발에 관해 조사한 내용을 정리한 것이다. 이에 대한 분석으로 옳은 것은?

(단위 : %)

연도 구분 지역	2009				2010			
	자기 개발 하고 있음	자기개발 비용 부담 주체			자기 개발 하고 있음	자기개발 비용 부담 주체		
		직장 100%	본인 100%	직장50% + 본인50%		직장 100%	본인 100%	직장50% + 본인50%
충청도	36.8	8.5	88.5	3.1	45.9	9.0	65.5	24.5
제주도	57.4	8.3	89.1	2.9	68.5	7.9	68.3	23.8
경기도	58.2	12	86.3	2.6	71.0	7.5	74.0	18.5
서울시	60.6	13.4	84.2	2.4	72.7	11.0	73.7	15.3
경상도	40.5	10.7	86.1	3.2	51.0	13.6	74.9	11.6

① 2009년과 2010년 모두 자기개발 비용을 본인이 100% 부담하는 사람의 수는 응답자의 절반 이상이다.

② 자기개발을 하고 있다고 응답한 사람의 수는 2009년과 2010년 모두 서울시가 가장 많다.

③ 자기개발 비용을 직장과 본인이 각각 절반씩 부담하는 사람의 비율은 2009년과 2010년 모두 서울시가 가장 높다.

④ 2009년과 2010년 모두 자기개발을 하고 있다고 응답한 비율이 가장 높은 지역에서 자기개발비용을 직장이 100% 부담한다고 응답한 사람의 비율이 가장 높다.

[출제의도]
그래프, 그림, 도표 등 주어진 자료를 이해하고 의미를 파악하여 필요한 정보를 해석하는 능력을 평가하는 문제이다.

[해설]
② 지역별 인원수가 제시되어 있지 않으므로, 각 지역별 응답자 수는 알 수 없다.

③ 2009년에는 경상도에서, 2010년에는 충청도에서 가장 높은 비율을 보인다.

④ 2009년과 2010년 모두 '자기개발을 하고 있다'고 응답한 비율이 가장 높은 지역은 서울시이며, 2010년의 경우 자기개발 비용을 직장이 100% 부담한다고 응답한 사람의 비율이 가장 높은 지역은 경상도이다.

답 ①

(4) 도표작성능력

① 도표작성 절차
  ㉠ 어떠한 도표로 작성할 것인지를 결정
  ㉡ 가로축과 세로축에 나타낼 것을 결정
  ㉢ 한 눈금의 크기를 결정
  ㉣ 자료의 내용을 가로축과 세로축이 만나는 곳에 표현
  ㉤ 표현한 점들을 선분으로 연결
  ㉥ 도표의 제목을 표기

② 도표작성 시 유의사항
  ㉠ 선 그래프 작성 시 유의점
    • 세로축에 수량, 가로축에 명칭구분을 제시한다.
    • 선의 높이에 따라 수치를 파악하는 경우가 많으므로 세로축의 눈금을 가로축보다 크게 하는 것이 효과적이다.
    • 선이 두 종류 이상일 경우 반드시 그 명칭을 기입한다.
  ㉡ 막대 그래프 작성 시 유의점
    • 막대 수가 많을 경우에는 눈금선을 기입하는 것이 알아보기 쉽다.
    • 막대의 폭은 모두 같게 하여야 한다.
  ㉢ 원 그래프 작성 시 유의점
    • 정각 12시의 선을 기점으로 오른쪽으로 그리는 것이 보통이다.
    • 분할선은 구성비율이 큰 순서로 그린다.
  ㉣ 층별 그래프 작성 시 유의점
    • 눈금은 선 그래프나 막대 그래프보다 적게 하고 눈금선은 넣지 않는다.
    • 층별로 색이나 모양이 완전히 다른 것이어야 한다.
    • 같은 항목은 옆에 있는 층과 선으로 연결하여 보기 쉽도록 한다.

1 다음은 산업재산권 유지를 위한 등록료에 관한 자료이다. 다음 중 권리 유지비용이 가장 많이 드는 것은? (단, 특허권, 실용신안권의 기본료는 청구범위의 항 수와는 무관하게 부과되는 비용으로 청구범위가 1항인 경우 기본료와 1항에 대한 가산료가 부과된다)

(단위 : 원)

구분\권리	설정등록료 (1~3년분)		연차등록료			
			4~6년차	7~9년차	10~12년차	13~15년차
특허권	기본료	81,000	매년 60,000	매년 120,000	매년 240,000	매년 480,000
	가산료 (청구범위의 1항마다)	54,000	매년 25,000	매년 43,000	매년 55,000	매년 68,000
실용 신안권	가산료	60,000	매년 40,000	매년 80,000	매년 160,000	매년 320,000
	가산료 (청구범위의 1항마다)	15,000	매년 10,000	매년 15,000	매년 20,000	매년 25,000
디자인권	75,000		매년 35,000	매년 70,000	매년 140,000	매년 280,000
상표권	211,000 (10년분)		10년 연장 시 256,000			

① 청구범위가 3항인 특허권에 대한 3년간의 권리 유지
② 청구범위가 1항인 특허권에 대한 4년간의 권리 유지
③ 청구범위가 3항인 실용신안권에 대한 5년간의 권리 유지
④ 한 개의 디자인권에 대한 7년간의 권리 유지

 ① 81,000 + (54,000 × 3) = 243,000원
② 81,000 + 54,000 + 25,000 = 160,000원
③ 60,000 + (15,000 × 3) + (10,000 × 2) = 125,000원
④ 75,000 + (35,000 × 3) + 70,000 = 250,000원

2 다음은 푸르미네의 에너지 사용량과 연료별 탄소배출량 및 수종(樹種)별 탄소흡수량을 나타낸 것이다. 푸르미네 가족의 월간 탄소배출량과 나무의 월간 탄소흡수량을 같게 하기 위한 나무의 올바른 조합을 고르면?

■ 푸르미네의 에너지 사용량

연료	사용량
전기	420kWh/월
상수도	40㎥/월
주방용 도시가스	60㎥/월
자동차 가솔린	160ℓ/월

■ 연료별 탄소배출량

연료	탄소배출량
전기	0.1kg/kWh
상수도	0.2kg/㎥
주방용 도시가스	0.3kg/㎥
자동차 가솔린	0.5kg/ℓ

■ 수종별 탄소흡수량

수종	탄소흡수량
소나무	14kg/그루·월
벗나무	6kg/그루·월

① 소나무 4그루와 벗나무 12그루
② 소나무 6그루와 벗나무 9그루
③ 소나무 7그루와 벗나무 10그루
④ 소나무 8그루와 벗나무 6그루

 푸르미네 가족의 월간 탄소배출량 = (420 × 0.1) + (40 × 0.2) + (60 × 0.3) + (160 × 0.5) = 42 + 8 + 18 + 80 = 148kg이다. 소나무 8그루와 벗나무 6그루를 심을 경우 흡수할 수 있는 탄소흡수량은 (14 × 8) + (6 × 6) = 112 + 36 = 148kg/그루·월로 푸르미네 가족의 월간 탄소배출량과 같다.

Answer ☞ 1.④ 2.④

3 다음은 2006년 인구 상위 10개국과 2056년 예상 인구 상위 10개국에 대한 자료이다. 이에 대한 설명 중 옳지 않은 것을 고르면?

(단위 : 백만 명)

구분 순위	2006년		2056년 (예상)	
	국가	인구	국가	인구
1	중국	1,311	인도	1,628
2	인도	1,122	중국	1,437
3	미국	299	미국	420
4	인도네시아	225	나이지리아	299
5	브라질	187	파키스탄	295
6	파키스탄	166	인도네시아	285
7	방글라데시	147	브라질	260
8	러시아	146	방글라데시	231
9	나이지리아	135	콩고	196
10	일본	128	에티오피아	145

① 2006년 대비 2056년 콩고의 인구는 50% 이상 증가할 것으로 예상된다.

② 2006년 대비 2056년 러시아의 인구는 감소할 것으로 예상된다.

③ 2006년 대비 2056년 인도의 인구는 중국의 인구보다 증가율이 낮을 것으로 예상된다.

④ 2006년 대비 2056년 미국의 인구는 중국의 인구보다 증가율이 높을 것으로 예상된다.

③ 2006년 대비 2056년 인도의 인구 증가율 $= \dfrac{1,628-1,122}{1,122} \times 100 =$ 약 45.1%

2006년 대비 2056년 중국의 인구 증가율 $= \dfrac{1,437-1,311}{1,311} \times 100 =$ 약 9.6%

┃4~5┃ 다음 상황과 자료를 보고 물음에 답하시오.

발신인	(주)바디버디 권○○ 대리
수신인	갑, 을, 병, 정
내용	안녕하세요! (주)바디버디 권○○ 대리입니다. 올해 상반기 업계 매출 1위 달성을 기념하여 현재 특별 프로모션이 진행되고 있습니다. 이번 기회가 기업용 안마의자를 합리적인 가격으로 구입하실 수 있는 가장 좋은 시기라고 여겨집니다. 아래에 첨부한 설명서와 견적서를 꼼꼼히 살펴보시고 궁금한 사항에 대해서 언제든 문의하시기 바랍니다.
첨부파일	구매 관련 설명서 #1, #2, 견적서 #3, #4, #5

구매 관련 설명서 #1

구분	리스	현금구입(할부)
기기명의	리스회사	구입자
실 운영자	리스이용자(임대인)	구입자
중도 해약	가능	–
부가가치세	면세 거래	–
기간 만료	반납/매입/재 리스	–

Answer⤷ 3.③

구매 관련 설명서 #2

- 절세 효과 : 개인 사업자 및 법인 사업자는 매년 소득에 대한 세금을 납부합니다. 이때, 신고, 소득에 대한 과세대상금액에서 리스료(리스회사에 매월 불입하는 불입금)전액을 임차료 성격으로서 제외시킬 수 있습니다. (법인세법상 리스료의 비용인정 – 법인세법 제18조에 의거 사업용 자산에 대한 임차료로 보아 필요경비로 인정함.)

적용세율(주민세 포함)			
법인 사업자		개인 사업자	
과세표준구간	적용세율	과세표준구간	적용세율
2억 이하	11.2%	1,200만 원 이하	8.8%
2억 초과	22.4%	1,200만 원 초과~4,600만 원 이하	18.7%
		4,600만 원 초과~8,800만 원 이하	28.6%
		8,800만 원 초과	38.5%

- 법인 사업자 절세 예시

예를 들어, ○○법인의 작년 매출액이 5억 원이고 비용이 2억8천만 원이라면 ○○법인은 수익 2억2천만 원을 과세표준으로 계산시 2,688만 원의 법인세가 부가됩니다.

과세표준 : 2억 이하 ⇒ 2억 원×11.2%=2,240만 원
과세표준 : 2억 초과 ⇒ 2천만 원×22.4%=448만 원
법인세 총액=2,688만 원

만약 ○○법인이 안마의자 리스를 이용하고 1년간 납부한 총 임대료가 2천만 원이었다면, 수익은 2억 원(⇒2억2천만 원−2천만 원)이 되고, 비용은 3억 원(2억8천만 원+2천만 원)이 됩니다. 이에 따라 수익 2억 원을 과세표준으로 하면 법인세 2,240만 원만 부과되어 448만 원(2,688만 원−2,240만 원=448만 원)의 절세효과를 얻으실 수 있습니다.

이를 통상 리스 약정기간인 3년으로 설정하는 경우 448만 원×3년=1,344만 원의 절세 효과를 얻으실 수 있습니다.

물론 리스 이용료가 크면 클수록 절세효과는 더욱 더 크게 누리실 수 있습니다.

견적서 #3

안마의자	모델명	Body Buddy Royal-7	
	선택사양	STMC-5400	색상

가격/원가 구성

	기본가격	25,000,000	리스종류(기간)	운용리스(39개월)
가격사항	프로모션	3,000,000	등록명의	리스사
	탁송료		약정	39개월
	안마의자 가격(리스 이용금액)	22,000,000	만기처리	반납/구매/재 리스
	초기부담금	2,500,000	월 납입금(리스료) 39회	690,000
메모	리스 이용 프로모션 3,000,000 리스 이용시 연이율 8% 적용 설치일로부터 18개월 미만 해지시 위약금 – 남은 약정금액의 20% 설치일로부터 18개월 이후 해지시 위약금 – 남은 약정금액의 10%			

견적서 #4

안마의자	모델명	Body Buddy Royal-7	
	선택사양	STMC-5400	색상

가격/원가 구성

	기본가격	25,000,000	할부 기간	39개월
가격사항	프로모션	2,400,000	등록명의	개인
	탁송료			
	안마의자 가격(할부 이용금액)	22,600,000		
	초기부담금	2,500,000	월 납입금(할부금) 39회	590,000
메모	할부 이용 프로모션 2,400,000 할부 이용시 연이율 3% 적용, 선수금 10% 오를 시 할부 연이율 0.5% 하락			

견적서 #5				
안마의자	모델명	Body Buddy Royal-7		
	선택사양	STMC-5400	색상	
가격/원가 구성				
가격 사항	기본가격	25,000,000		
	프로모션	1,800,000		
	탁송료			
	안마의자 가격	23,200,000		
메모	일시불 프로모션 1,800,000			

4 개인이 할부로 안마의자를 구입하는 경우 500만 원의 초기비용을 지불하면 연이율은 몇 %가 적용되는가?

① 2.5%   ② 3.0%

③ 3.5%   ④ 4.0%

 할부 이용시 연이율은 3%가 적용되지만, 선수금이 10% 오르는 경우 0.5% 하락하므로 초기비용으로 500만 원을 지불하면 연이율은 2.5%가 적용된다.

5 법인사업자가 안마의자를 리스로 이용하다가 20개월이 된 시점에서 약정을 해지한다면 위약금은 얼마인가?

① 1,291,000원   ② 1,301,000원

③ 1,311,000원   ④ 1,321,000원

 설치일로부터 18개월 이후 해지시 위약금은 남은 약정금액의 10%이므로
(690,000원×19회)×0.1=1,311,000원

6 〈표1〉은 정서 표현 수준을 측정하는 설문지에 대한 참가자 A의 반응이고, 〈표2〉는 전체 조사 대상자(표본)의 정서 표현 영역별 평균값이다. A의 점수를 바르게 나타낸 것은?

〈표1〉

문항	문항 내용	전혀 그렇지 않다	거의 그렇지 않다	가끔 그렇다	자주 그렇다	항상 그렇다
1	나는 주위 사람이 알아차릴 정도로 화를 낸다.	1	2	3	4	⑤
2	나는 친구들 앞에서 잘 웃는다.	1	2	③	4	5
3	나는 혼자 있을 때 과거의 일을 생각하고 크게 웃는다.	1	2	③	4	5
4	나는 일이 뜻대로 되지 않을 땐 실망감을 표현한다.	1	2	3	④	5

* 긍정 정서 표현 점수는 문항 2와 3을, 부정 정서 표현 점수는 문항 1과 4를, 전체 표현 점수는 모든 문항을 합산하여 계산한다.

〈표2〉

정서 표현 영역	표본의 평균값
긍정 정서 표현	8.1
부정 정서 표현	6.3
전체 표현성	14.4

	긍정 정서 표현 점수	부정 정서 표현 점수
①	9	6
②	8	7
③	7	8
④	6	9

(Tip) 긍정 정서 표현 점수는 2, 3번 문항의 점수를 합하고, 부정 정서 표현 점수는 1, 4번 문항의 점수를 합하면 되므로 긍정 정서 표현 점수는 6, 부정 정서 표현 점수는 9이다.

Answer 4.① 5.③ 6.④

7 다음 자료를 보고 주어진 상황에 대해 물음에 답하시오.

〈근로소득에 대한 간이 세액표〉

월 급여액(천 원) [비과세 및 학자금 제외]		공제대상 가족 수				
이상	미만	1	2	3	4	5
2,500	2,520	38,960	29,280	16,940	13,570	10,190
2,520	2,540	40,670	29,960	17,360	13,990	10,610
2,540	2,560	42,380	30,640	17,790	14,410	11,040
2,560	2,580	44,090	31,330	18,210	14,840	11,460
2,580	2,600	45,800	32,680	18,640	15,260	11,890
2,600	2,620	47,520	34,390	19,240	15,680	12,310
2,620	2,640	49,230	36,100	19,900	16,110	12,730
2,640	2,660	50,940	37,810	20,560	16,530	13,160
2,660	2,680	52,650	39,530	21,220	16,960	13,580
2,680	2,700	54,360	41,240	21,880	17,380	14,010
2,700	2,720	56,070	42,950	22,540	17,800	14,430
2,720	2,740	57,780	44,660	23,200	18,230	14,850
2,740	2,760	59,500	46,370	23,860	18,650	15,280

※ 갑근세는 제시되어 있는 간이 세액표에 따름
※ 주민세＝갑근세의 10%
※ 국민연금＝급여액의 4.50%
※ 고용보험＝국민연금의 10%
※ 건강보험＝급여액의 2.90%
※ 교육지원금＝분기별 100,000원(매 분기별 첫 달에 지급)

강○○ 사원의 12월 급여내역이 다음과 같고 전월과 동일하게 근무하였으며 명절 상여금으로 100,000원을 받게 된다면, 이듬해 1월에 받게 되는 급여는 얼마인가? (단, 원 단위 절삭)

(주) 서원플랜테크 12월 급여내역			
성명	강○○	지급일	12월 12일
기본급여	2,030,000	갑근세	30,640
직무수당	460,000	주민세	3,060
명절 상여금		고용보험	11,430
특별수당		국민연금	114,300
차량지원금	50,000	건강보험	73,660
교육지원		기타	
급여계	2,540,000	공제합계	233,090
		지급총액	2,306,910

① 2,453,910

② 2,463,910

③ 2,473,910

④ 2,483,910

기본급여	2,030,000	갑근세	46,370
직무수당	460,000	주민세	4,630
명절 상여금	100,000	고용보험	12,330
특별수당		국민연금	123,300
차량지원금	50,000	건강보험	79,460
교육지원	100,000	기타	
급여계	2,740,000	공제합계	266,090
		지급총액	2,473,910

8 주요 전기 요금 제도에 관한 다음 자료를 보고 물음에 답하시오.

▶ 주택용 전력(저압)

주거용 고객(아파트 고객 포함), 계약전력 3kW 이하의 고객

독신자 합숙소(기숙사 포함) 또는 집단거주용 사회복지시설로서 고객이 주택용 전력의 적용을 희망하는 경우 적용

주거용 오피스텔(주택은 아니지만 실제 주거용도로 이용되는 오피스텔) 고객

기본요금(원/호)		전력량 요금(원/kWh)	
100kWh 이하 사용	400	처음 100kWh까지	60
101~200kWh 사용	900	다음 100kWh까지	120
201~300kWh 사용	1,500	다음 100kWh까지	200
301~400kWh 사용	3,600	다음 100kWh까지	300
401~500kWh 사용	7,000	다음 100kWh까지	450
500kWh 초과 사용	12,000	500kWh 초과	700

▶ 주택용 전력(고압)

고압으로 공급받는 가정용 고객에게 적용

기본요금(원/호)		전력량 요금(원/kWh)	
100kWh 이하 사용	400	처음 100kWh까지	55
101~200kWh 사용	700	다음 100kWh까지	100
201~300kWh 사용	1,200	다음 100kWh까지	150
301~400kWh 사용	3,000	다음 100kWh까지	215
401~500kWh 사용	6,000	다음 100kWh까지	320
500kWh 초과 사용	10,000	500kWh 초과	600

▶ 가로등

일반 공중의 편익을 위하여 도로·교량·공원 등에 조명용으로 설치한 전등이나 교통 신호등·도로표시등·해공로(海空路) 표시등 및 기타 이에 준하는 전등(소형 기기를 포함)에 적용

구분	기본요금(원/kW)	전력량 요금(원/kWh)
갑(정액등)	W당 35(월 최저요금 1,000원)	
을(종량등)	6,000	80

* 가로등은 공급조건에 따라 가로등(갑), (을)로 구분한다.

가로등(갑)은 사용설비용량이 1kW 미만이거나 현장여건상 전기계기의 설치가 곤란한 교통신호등, 도로표시등, 공원산책로용, 조명용 전등에 한하여 적용하고 정액제로 요금을 계산하며 가로등(을)은 가로등(갑) 이외의 고객에게 적용하며 전기계기를 설치하여 사용전력량에 따라 요금을 계산한다.

〈별첨〉

제5조(설치기준) 가로등·보안등의 설치는 다음 각 호의 기준에 따른다.

1. 설치공사는 「전기공사업법」 및 본 규정이 정하는 바에 따라야 한다.
2. 시공업체는 반드시 전기공사업 면허 1·2종 업체로 한다.
3. 소요자재는 K.S표시품, 규격품, 승인품을 사용하여야 한다.
4. "등"은 절전형을 사용하여야 하며 지상 5미터 이상에 적합 용량의 것을 사용하며, 광전식이나 자동점멸기를 설치하여야 한다. 단, 부득이한 장소에는 수동스위치를 사용할 수 있다.
5. 가로등의 설치간격은 60미터 이상, 보안등의 설치간격은 4미터 이상으로 한다. 단, 곡선부에는 예외로 한다.

> ▶ 전기요금 청구액 계산방법
> ① 기본요금(원 단위 미만 절사)
> ② 사용량요금(원 단위 미만 절사)
> ③ 전기요금계＝①＋②－복지할인
> ④ 부가가치세(원 단위 미만 4사5입)＝③×10%
> ⑤ 전력산업기반기금(10원 미만 절사)＝③×3.7%
> ⑥ 청구요금 합계(10원 미만 절사)＝③＋④＋⑤

동네에 공원이 만들어지면서 산책로에 가로등을 설치하기로 하였다. 공원의 산책로는 총 1.2km의 직선코스이고, 가로등 하나의 소비전력은 150W이며 하루에 14시간 점등한다고 한다. 산책로 양쪽에 가로등을 최소간격으로 설치한다고 할 때, 하루 전력사용비용은 얼마인가? (단, 산책로의 양끝에는 가로등을 반드시 설치한다.)

① 3,086,000원

② 3,087,000원

③ 3,088,000원

④ 3,089,000원

 150W 가로등의 하루 14시간 사용 전력량 : 150×14＝2,100W(개당 하루 소비전력)
전체 가로등[{(1.2km÷60)＋1}×2＝42개] : 2,100×42＝88,200W
소비전력에 따른 가격 : 가로등 전기 요금표에 따르면 가로등(갑) 기준 W당 35원이므로
88,200×35＝3,087,000원

9 다음은 (A), (B), (C), (D)사의 연간 매출액에 관한 자료이다. 각 회사의 연간 이익률이 매년 일정하며 (B), (C), (D)사의 연간 이익률은 각각 3%, 3%, 2%이다. (A)~(D)사의 연간 순이익 총합이 전년에 비해 감소되지 않게 하는 (A)사의 최소 연간 이익률은?

[회사별 연간 매출액]

(단위 백억 원)

회사 ＼ 연도	2004년	2005년	2006년	2007년	2008년	2009년
(A)	300	350	400	450	500	550
(B)	200	250	300	250	200	150
(C)	300	250	200	150	200	250
(D)	350	300	250	200	150	100

① 5% ② 8%

③ 7% ④ 10%

 우선 이익률이 제시되어 있는 (B)~(D)사의 순이익 종합을 구하면

	2004년	2005년	2006년	2007년	2008년	2009년
(B)	600	750	900	750	600	450
(C)	900	750	600	450	600	750
(D)	700	600	500	400	300	200
합	2,200	2,100	2,000	1,600	1,500	1,400

(B)~(D)사의 순이익 총합은 위 표와 같이 감소하고 있다. 그러므로 (A)~(D)사의 순이익 총합이 전년에 비해 감소하지 않기 위해서는 (A)사의 순이익이 (B)~(D)사 순이익 총합의 감소폭을 넘어야만 한다.

설문에서 (A)사의 '최소 연간 이익률'을 구하라고 하였으므로 (B)~(D)사의 순이익 총합에서 전년대비 감소폭이 가장 큰 해, 즉 2006년→2007년을 기준으로 (A)사의 이익률을 구한다.

(A)사의 2006년→2007년 매출액이 400→450으로 50 증가하였고, (A)사의 이익률을 x라 할 때, $50 \times x \geq 400$이어야 한다. 따라서 $x \geq 8$이다. 따라서 답은 ②이다.

10 주어진 자료를 보고 물음에 답하시오.

▶ 타이어 치수 및 호칭 표기법

205	55	R	16	91	V
단면폭	편평비	레이디얼	림내경	하중지수	속도계수

① **단면폭** : 타이어가 지면에 닿는 부분(mm)

② **편평비** : 타이어 단면의 폭에 대한 높이의 비율로서 시리즈라고도 한다. 과거에는 주로 100(높이와 폭이 같음)이었으나 점차 70, 60, 50, 40 등으로 낮아지고 있다. 고성능 타이어일수록 단면높이가 낮아진다. 편평비가 낮으면 고속주행시 안정감이 높고, 편평비가 높을수록 승차감이 좋지만 안정감이 떨어진다.

$$편평비(\%) = \frac{단면높이(\text{H})}{단면폭(\text{W})} \times 100$$

③ **레이디얼구조**

Z : 방향성 및 고속 주행 타이어

R : 레이디얼 타이어

④ **림내경** : 타이어 내경(인치)

---

⑤ **하중지수** : 타이어 1개가 최대로 지탱할 수 있는 무게

하중지수	kg	하중지수	kg	하중지수	kg	하중지수	kg
62	265	72	355	82	475	92	630
63	272	73	365	83	487	93	650
64	280	74	375	84	500	94	670
65	290	75	387	85	515	95	690
66	300	76	400	86	530	96	710
67	307	77	412	87	545	97	730
68	315	78	425	88	560	98	750
69	325	79	437	89	580	99	775
70	335	80	450	90	600	100	800
71	345	81	462	91	615	101	825

⑥ **속도기호** : 타이어의 최대속도를 표시하는 기호를 말하며 속도기호에 상응하는 속도는 아래 표와 같다.

속도기호	Q	S	H	V	W	Y
속도(km/h)	160	180	210	240	270	300

다음과 같은 차량의 제원을 고려하여 타이어를 구매하려고 할 때, 구매해야 될 타이어 규격으로 적당한 것은?

차량 최대 속도	250km/h
휠 사이즈	20inch
최적 편평비	50
공차중량	2,320kg

① 225/55/ZR 20 88 Y

② 245/50/ZR 20 94 W

③ 235/55/R 19 91 W

④ 단면폭이 230mm이고, 단면높이가 138mm인 타이어

 ① 하중지수 88을 kg으로 환산하면 2,240kg이므로 공차중량보다 가볍다.
③ 림내경이 맞지 않다.
④ 편평비가 60으로 제원을 고려하였을 때 적당하지 않다.

▌11~12 ▐ A사에 근무하는 B씨는 4대강 주변 자전거 도로에 대한 개선안을 마련하기 위하여 관련 자료를 정리하여 상사에게 보고하고자 한다. 다음을 바탕으로 물음에 답하시오.

〈4대강 주변 자전거 도로에 대한 관광객 평가 결과〉

(단위 : 점/100점 만점)

구분	한강	금강	낙동강	영산강
주변 편의시설	60	70	60	50
주변 자연경관	50	40	60	40
하천 수질	40	50	40	30
접근성	50	40	50	40
주변 물가	70	60	50	40

〈인터넷 설문조사 결과〉

자전거 도로 여행 시 고려 조건

업체	목표 운송량 (톤)	보유 트럭 최대 적재량 현황	
		1.5톤	2.5톤
A	19.5	6대	3대
B	20.5	4대	4대
C	23	3대	5대

〈업체별 4대강 유역 토사 운송 업체 현황〉

11 앞선 자료들을 기반으로 B가 정리한 내용 중 옳은 것을 모두 고르면?

> ㉠ 모든 보유 트럭의 최대 적재량 합이 가장 큰 시공 업체는 C이다.
> ㉡ 관광객 평가 결과의 합에서, 가장 높은 점수를 받은 자전거 도로는 금강이다.
> ㉢ 인터넷 설문 조사의 4대 항목만을 고려한 관광객 평가 결과의 합이 가장 높은 자전거 도로는 낙동강이다.
> ㉣ 인터넷 설문 조사 결과상위 2개 항목만을 고려한 관광객 평가 결과의 합이 가장 높은 자전거 도로는 한강이다.

① ㉠, ㉡ ② ㉠, ㉢

③ ㉡, ㉢ ④ ㉢, ㉣

ⓒ 관광객 평가 결과의 합에서, 가장 높은 점수를 받은 자전거 도로는 총점 270점의 한강이다.

ⓐ 인터넷 설문 조사 결과상위 2개 항목인 하천 수질과 주변 편의시설만을 고려한 관광객 평가 결과의 합이 가장 높은 자전거 도로는 120점의 금강이다.

12 다음은 자료를 검토한 B의 상사가 B에게 준 피드백의 내용이다. 이를 참고하여 4대강 자전거 도로의 최종 점수가 올바르게 짝지어진 것은?

> **[상사]**
>
> B씨, 4대강 자전거 도로에 실제로 방문한 관광객들의 평가만큼이나 전 국민을 대상으로 한 인터넷 설문조사도 매우 중요해. 그러니까 인터넷 조사 결과의 응답 비중이 높은 순서대로 순위를 매겨서 1~4위까지 5, 4, 3, 2점의 가중치를 부여하고 이 가중치를 관광객 평가 점수와 곱해서 4대강 자전거 도로들 간의 점수를 산출하도록 해줘. '주변 물가'는 인터넷 조사에는 해당되지 않으니까 가중치를 1로 부여하면 될 것 같아.

① 한강 : 780점

② 금강 : 790점

③ 낙동강 : 800점

④ 영산강 : 690점

 하천 수질 5, 주변 편의시설 4, 주변 자연경관 3, 접근성 2, 주변 물가 1의 가중치를 부여하여 계산한 자전거 도로의 최종 점수는 다음과 같다.

한강	$5 \times 40 + 4 \times 60 + 3 \times 50 + 2 \times 50 + 1 \times 70 = 760$점
금강	$5 \times 50 + 4 \times 70 + 3 \times 40 + 2 \times 40 + 1 \times 60 = 790$점
낙동강	$5 \times 40 + 4 \times 60 + 3 \times 60 + 2 \times 50 + 1 \times 50 = 770$점
영산강	$5 \times 30 + 4 \times 50 + 3 \times 40 + 2 \times 40 + 1 \times 40 = 590$점

13 다음은 우리나라의 시·군 중 2016년 경지 면적, 논 면적, 밭 면적 상위 5개 시·군에 대한 자료이다. 이에 대한 설명 중 옳은 것을 모두 고르면?

(단위 : ha)

구분	순위	시·군	면적
경지 면적	1	해남군	35,369
	2	제주시	31,585
	3	서귀포시	31,271
	4	김제시	28,501
	5	서산시	27,285
논 면적	1	김제시	23,415
	2	해남군	23,042
	3	서산시	21,730
	4	당진시	21,726
	5	익산시	19,067
밭 면적	1	제주시	31,577
	2	서귀포시	31,246
	3	안동시	13,231
	4	해남군	12,327
	5	상주시	11,047

※ 경지 면적 = 논 면적 + 밭 면적

> ㉠ 해남군의 논 면적은 해남군 밭 면적의 2배 이상이다.
> ㉡ 서귀포시의 논 면적은 제주시 논 면적보다 크다.
> ㉢ 서산시의 밭 면적은 김제시 밭 면적보다 크다.
> ㉣ 상주시의 밭 면적은 익산시 논 면적의 90% 이하이다.

① ㉡, ㉢　　　　　　　　　　② ㉡, ㉣
③ ㉠, ㉢, ㉣　　　　　　　　④ ㉡, ㉢, ㉣

 ㉠ 해남군의 논 면적은 23,042ha로, 해남군 밭 면적인 12,327ha의 2배 이하이다.
　㉡ 서귀포시의 논 면적은 31,271−31,246=25ha로, 제주시 논 면적인 31,585−31,577= 8ha보다 크다.
　㉢ 서산시의 밭 면적은 27,285−21,730=5,555ha로 김제시 밭 면적인 28,501−23,415= 5,086ha보다 크다.
　㉣ 상주시의 밭 면적은 11,047ha로 익산시 논 면적의 90%(=17,160.3ha) 이하이다.

14 다음 표는 조선시대 지역별 · 시기별 시장 수에 관한 자료이다. 이에 대한 설명 중 옳은 것은?

(단위 : 개)

지역＼읍수＼시기	읍수	1770년	1809년	1830년	1908년
경기도	34	101	102	93	103
충청도	53	157	157	158	162
전라도	53	216	214	188	216
경상도	71	276	276	268	283
황해도	23	82	82	109	82
평안도	42	134	134	143	134
강원도	26	68	68	51	68
함경도	14	28	28	42	28
전국	316	1,062	1,061	1,052	1,076

※ 읍 수는 시기에 따라 변동이 없고, 시장은 읍에만 있다고 가정함.

① 1770년 대비 1908년의 시장 수 증가율이 가장 큰 지역은 경상도이다.

② 1809년 함경도의 읍당 시장 수를 살펴보면 같은 해 경기도의 읍당 시장 수보다 많다.

③ 매 시기마다 시장 수가 같지 않은 지역은 2곳이다.

④ 1908년 시장 수 하위 5개 지역의 시장 수 합은 해당 시기 전체 시장 수의 40% 미만이다.

 1908년 시장 수 하위 5개 지역(평안도, 경기도, 황해도, 강원도, 함경도)의 시장 수 합은 415개이며 비중은 $\frac{415}{1,076} \times 100 =$ 약 38.5%로 해당 시기 전체 시장 수의 40% 미만이다.

① $\frac{162-157}{157} \times 100 =$ 약 3.18%로 시장 수 증가율이 가장 큰 지역은 충청도이다.

② 1809년 함경도의 읍당 시장 수 : $\frac{28}{14} = 2$

　1809년 경기도의 읍당 시장 수 : $\frac{102}{34} = 3$

③ 매 시기마다 시장 수가 같지 않은 지역은 경기도가 유일하다.

Answer ⟶ 13.④ 14.④

15 다음은 2007~2013년 동안 흡연율 및 금연계획률에 관한 자료이다. 이에 대한 설명으로 옳은 것은?

〈성별 흡연율〉

성별 \ 연도	2007	2008	2009	2010	2011	2012	2013
남성	45.0	47.7	46.9	48.3	47.3	43.7	42.1
여성	5.3	7.4	7.1	6.3	6.8	7.9	6.1
전체	20.6	23.5	23.7	24.6	25.2	24.9	24.1

〈소득수준별 남성 흡연율〉

소득 \ 연도	2007	2008	2009	2010	2011	2012	2013
최상	38.9	39.9	38.7	43.5	44.1	40.8	36.6
상	44.9	46.4	46.4	45.8	44.9	38.6	41.3
중	45.2	49.6	50.9	48.3	46.6	45.4	43.1
하	50.9	55.3	51.2	54.2	53.9	48.2	47.5

〈금연계획율〉

구분 \ 연도	2007	2008	2009	2010	2011	2012	2013
금연계획률	59.8	56.9	( )	( )	56.3	55.2	56.5
단기	19.4	( )	18.2	20.8	20.2	19.6	19.3
장기	40.4	39.2	39.2	32.7	( )	35.6	37.2

※ 흡연율(%) = $\dfrac{\text{흡연자 수}}{\text{인구 수}} \times 100$

※ 금연계획률(%) = $\dfrac{\text{금연계획자 수}}{\text{흡연자 수}} \times 100$ = 단기 금연계획률 + 장기 금연계획률

① 매년 남성 흡연율은 여성 흡연율의 6배 이상이다.

② 매년 소득수준이 높을수록 남성 흡연율은 낮다.

③ 2008~2010년 동안 매년 금연계획률은 전년대비 감소한다.

④ 2011년의 장기 금연계획률은 2008년의 단기 금연계획률의 두 배 이상이다.

 ① 2012년의 남성 흡연율은 43.7이고 여성 흡연율은 7.9로 6배 이하이다.
② 2012년 소득수준이 최상인 남성 흡연율이 상인 남성 흡연율보다 높다.
③ 2009년의 금연계획률은 57.4, 2010년의 금연계획률은 53.5로 2009년은 전년대비 증가하였고, 2010년은 전년대비 감소하였다.
④ 2011년의 장기 금연계획률은 36.1로 2008년의 단기 금연계획률인 17.7의 두 배 이상이다.

16 다음은 전국 아파트 규모별 매매 평균가격에 대한 자료이다. 다음 자료에 대한 〈보기〉의 설명 중 옳은 것을 모두 고르면?

(단위 : 만 원/㎡)

규모	2019.06	2019.05	2019.04	2019.03	2019.02	2019.01
초소형 (40㎡ 이하)	425.9	392.3	346.9	334.9	310.4	320.0
소형 (40㎡ 초과 60㎡ 이하)	445.6	379.1	333.0	305.0	290.2	301.0
중소형 (60㎡ 초과 85㎡ 이하)	472.9	413.0	367.0	341.6	327.7	331.8
중대형 (85㎡ 초과 135㎡ 이하)	561.2	476.4	414.0	375.5	353.4	376.2
대형 (135㎡ 초과)	637.3	565.4	488.6	426.9	378.2	409.3

〈보기〉
㉠ 2019년 1월부터 2019년 6월까지 각각의 규모별 아파트 매매 평균가격의 증감 추이는 모두 동일하다.
㉡ 2019년 5월 대비 2019년 6월에 아파트 매매 평균가격의 증가율이 가장 높은 아파트 규모는 중소형 아파트이다.
㉢ 전국의 아파트 매매 평균가격은 아파트의 규모가 커질수록 증가한다.
㉣ 2019년 1월의 규모별 아파트 매매 평균가격의 총합은 동년 6월의 규모별 아파트 매매 평균가격의 총합의 70%에 못 미친다.

※ 단, 계산 값은 소수점 둘째 자리에서 반올림한다.

① ㉠㉡   ② ㉠㉢
③ ㉠㉣   ④ ㉡㉢

 ㉠ 감소→증가→증가→증가→증가의 동일한 증감 추이를 보이고 있다. (O)
㉡ (561.2 − 476.4) ÷ 476.4 × 100 = 17.8%로 중대형(85㎡ 초과 135㎡ 이하) 아파트의 증가율이 가장 높다. (X)
㉢ 2019년 1월부터 5월까지 소형(40㎡ 초과 60㎡ 이하) 아파트의 매매 평균가격이 초소형(40㎡ 이하) 아파트의 매매 평균가격보다 낮음을 알 수 있다. (X)
㉣ 2019년 1월의 규모별 아파트 매매 평균가격의 총합(1738.3만 원)은 동년 6월의 규모별 아파트 매매 평균가격의 총합의 70%(1780만 원)에 못 미친다. (O)

Answer➔ 15.④ 16.③

17 다음 자료에 대한 올바른 설명을 〈보기〉에서 모두 고른 것은?

〈'갑'시의 도시철도 노선별 연간 범죄 발생건수〉

(단위 : 건)

연도＼노선	1호선	2호선	3호선	4호선	합
2017년	224	271	82	39	616
2018년	252	318	38	61	669

〈'갑'시의 도시철도 노선별 연간 아동 상대 범죄 발생건수〉

(단위 : 건)

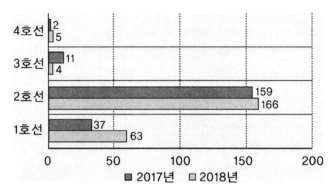

* 노선별 범죄율 = 노선별 해당 범죄 발생건수 ÷ 전체 노선 해당 범죄 발생건수 × 100
* 언급되지 않은 '갑'시의 다른 노선은 고려하지 않으며, 범죄 발생건수는 아동 상대 범죄 발생건수와 비아동 상대 범죄 발생건수로만 구성됨.

〈보기〉

㈎ 2018년 비아동 상대 범죄 발생건수는 4개 노선 모두 전년보다 증가하였다.

㈏ 2018년의 전년 대비 아동 상대 범죄 발생건수의 증가폭은 비아동 상대 범죄 발생건수의 증가폭보다 더 크다.

㈐ 2018년의 노선별 전체 범죄율이 10% 이하인 노선은 1개이다.

㈑ 두 해 모두 전체 범죄율이 가장 높은 노선은 2호선이다.

① ㈏, ㈐
② ㈏, ㈑
③ ㈎, ㈐
④ ㈎, ㈏

주어진 2개의 자료를 통하여 다음과 같은 상세 자료를 도출할 수 있다.

(단위 : 건, %)

연도 \ 노선		1호선	2호선	3호선	4호선	합
2017	아동	37	159	11	2	209
	범죄율	17.7	76.1	5.3	1.0	
	비아동	187	112	71	37	407
	범죄율	45.9	27.5	17.4	9.1	
	전체	224	271	82	39	616
	전체 범죄율	36.4	44.0	13.3	6.3	
2018	아동	63	166	4	5	238
	범죄율	26.5	69.7	1.7	2.1	
	비아동	189	152	34	56	431
	범죄율	43.9	35.3	7.9	13.0	
	전체	252	318	38	61	669
	전체 범죄율	37.7	47.5	5.7	9.1	

따라서 이를 근거로 〈보기〉의 내용을 살펴보면 다음과 같다.

㈎ 2018년 비아동 상대 범죄 발생건수는 3호선이 71건에서 34건으로 전년보다 감소하였다. (×)

㈏ 2018년의 전년 대비 아동 상대 범죄 발생건수의 증가폭은 238-209=29건이며, 비아동 상대 범죄 발생건수의 증가폭은 431-407=24건이 된다. (○)

㈐ 2018년의 노선별 전체 범죄율이 10% 이하인 노선은 5.7%인 3호선과 9.1%인 4호선으로 2개이다. (×)

㈑ 2호선은 2017년과 2018년에 각각 44.0%와 47.5%의 범죄율로, 두 해 모두 전체 범죄율이 가장 높은 노선이다. (○)

Answer↱ 17.②

18 다음은 A 공사의 연도별 임직원 현황에 관한 자료이다. 이에 대한 설명 중 옳은 것을 모두 고르면?

구분	연도	2013	2014	2015
국적	한국	9,566	10,197	9,070
	중국	2,636	3,748	4,853
	일본	1,615	2,353	2,749
	대만	1,333	1,585	2,032
	기타	97	115	153
	계	15,247	17,998	18,857
고용형태	정규직	14,173	16,007	17,341
	비정규직	1,074	1,991	1,516
	계	15,247	17,998	18,857
연령	20대 이하	8,914	8,933	10,947
	30대	5,181	7,113	6,210
	40대 이상	1,152	1,952	1,700
	계	15,247	17,998	18,857
직급	사원	12,365	14,800	15,504
	간부	2,801	3,109	3,255
	임원	81	89	98
	계	15,247	17,998	18,857

⊙ 매년 일본, 대만 및 기타 국적 임직원 수의 합은 중국 국적 임직원 수보다 많다.
ⓒ 매년 전체 임직원 중 20대 이하 임직원이 차지하는 비중은 50% 이상이다.
ⓒ 2014년과 2015년에 전년대비 임직원수가 가장 많이 증가한 국정은 모두 중국이다.
ⓔ 2014년에 국적이 한국이면서 고용형태가 정규직이고 직급이 사원인 임직원은 5,000명 이상이다.

① ⊙, ⓒ　　　　　　　　　　② ⊙, ⓒ
③ ⓒ, ⓔ　　　　　　　　　　④ ⊙, ⓒ, ⓔ

 ⓒ 2014년은 전체 임직원 중 20대 이하 임직원이 차지하는 비중이 50% 이하이다.

19 K공사는 직원들의 창의력을 증진시키기 위하여 '창의 테마파크'를 운영하고자 한다. 다음의 프로그램들을 대상으로 전문가와 사원들이 평가를 실시하여 가장 높은 점수를 받은 프로그램을 최종 선정하여 운영한다고 할 때, '창의 테마파크'에서 운영할 프로그램은?

분야	프로그램명	전문가 점수	사원 점수
미술	내 손으로 만드는 전력소	26	32
인문	세상을 바꾼 생각들	31	18
무용	스스로 창작	37	25
인문	역사랑 놀자	36	28
음악	연주하는 사무실	34	34
연극	연출노트	32	30
미술	예술캠프	40	25

※ 전문가와 사원은 후보로 선정된 프로그램을 각각 40점 만점제로 우선 평가하였다.

※ 전문가 점수와 사원 점수의 반영 비율을 3 : 2로 적용하여 합산한 후, 하나밖에 없는 분야에 속한 프로그램에는 취득점수의 30%를 가산점으로 부여한다.

① 연주하는 사무실　　　　　　② 스스로 창작
③ 연출노트　　　　　　　　　④ 예술캠프

 각각의 프로그램이 받을 점수를 계산하면 다음과 같다.

분야	프로그램명	점수
미술	내 손으로 만드는 전력소	$\{(26\times3)+(32\times2)\}=142$
인문	세상을 바꾼 생각들	$\{(31\times3)+(18\times2)\}=129$
무용	스스로 창작	$\{(37\times3)+(25\times2)\}+$ 가산점 $30\%=209.3$
인문	역사랑 놀자	$\{(36\times3)+(28\times2)\}=164$
음악	연주하는 사무실	$\{(34\times3)+(34\times2)\}+$ 가산점 $30\%=221$
연극	연출노트	$\{(32\times3)+(30\times2)\}+$ 가산점 $30\%=202.8$
미술	예술캠프	$\{(40\times3)+(25\times2)\}=170$

따라서 가장 높은 점수를 받은 연주하는 사무실이 최종 선정된다.

Answer ➔ 18.④　19.①

20 다음은 차량 A, B, C의 연료 및 경제속도 연비, 연료별 리터당 가격에 대한 자료이다. 제시된 〈조건〉을 적용하였을 때, 두 번째로 높은 연료비가 소요되는 차량과 해당 차량의 연료비를 바르게 나열한 것은?

〈A, B, C 차량의 연료 및 경제속도 연비〉

차량 \ 구분	연료	경제속도 연비(km/L)
A	LPG	10
B	휘발유	16
C	경유	20

※ 차량 경제속도는 60km/h 이상 90km/h 미만임

〈연료별 리터당 가격〉

연료	LPG	휘발유	경유
리터당 가격(원/L)	1,000	2,000	1,600

〈조건〉

1. A, B, C 차량은 모두 아래와 같이 각 구간을 한 번씩 주행하고, 각 구간별 주행 속도 범위 내에서만 주행한다.

구간	1구간	2구간	3구간
주행거리(km)	100	40	60
주행속도(km/h)	30 이상 60 미만	60 이상 90 미만	90 이상 120 미만

2. A, B, C 차량의 주행속도별 연비적용률은 다음과 같다.

차량	주행속도(km/h)	연비적용률(%)
A	30 이상 60 미만	50.0
	60 이상 90 미만	100.0
	90 이상 120 미만	80.0
B	30 이상 60 미만	62.5
	60 이상 90 미만	100.0
	90 이상 120 미만	75.0
C	30 이상 60 미만	50.0
	60 이상 90 미만	100.0
	90 이상 120 미만	75.0

※ 연비적용률이란 경제속도 연비 대비 주행속도 연비를 백분율로 나타낸 것임

① A, 31,500원   ② B, 24,500원

③ B, 35,000원   ④ C, 25,600원

 주행속도에 따른 연비와 구간별 소요되는 연료량을 계산하면 다음과 같다.

차량	주행속도(km/h)	연비(km/L)	구간별 소요되는 연료량(L)		
A (LPG)	30 이상 60 미만	10 × 50.0% = 5	1구간	20	총 31.5
	60 이상 90 미만	10 × 100.0% = 10	2구간	4	
	90 이상 120 미만	10 × 80.0% = 8	3구간	7.5	
B (휘발유)	30 이상 60 미만	16 × 62.5% = 10	1구간	10	총 17.5
	60 이상 90 미만	16 × 100.0% = 16	2구간	2.5	
	90 이상 120 미만	16 × 75.0% = 12	3구간	5	
C (경유)	30 이상 60 미만	20 × 50.0% = 10	1구간	10	총 16
	60 이상 90 미만	20 × 100.0% = 20	2구간	2	
	90 이상 120 미만	20 × 75.0% = 15	3구간	4	

따라서 조건에 따른 주행을 완료하는 데 소요되는 연료비는 A 차량은 31.5 × 1,000 = 31,500원, B 차량은 17.5 × 2,000 = 35,000원, C 차량은 16 × 1,600 = 25,600원으로, 두 번째로 높은 연료비가 소요되는 차량은 A며 31,500원의 연료비가 든다.

Answer 20.①

|21~22| 아래의 주간 환율표를 보고 물음에 답하시오.

구분	원/달러	원/유로	원/엔	원/파운드	원/위안
첫째 주	945.54	1211.14	8.54	1770.54	118.16
둘째 주	963.14	1210.64	8.42	1763.55	118.64
셋째 주	934.45	1207.33	8.30	1763.62	119.51
넷째 주	964.54	1113.54	9.12	1663.47	120.64

21 A회사는 첫째 주에 중국에서 7,800켤레의 신발을 단가 200위안에 수입하였고, 일본에 6,400개의 목걸이를 단가 2,000엔에 수출하였다. 수입 금액과 수출 금액의 차이는?

① 101,451,120원 ② 75,017,600원

③ 74,146,500원 ④ 42,654,000원

 ㉠ 수입 금액 : $7,800 \times 200 \times 118.16 = 184,329,600$(원)
㉡ 수출 금액 : $6,400 \times 2,000 \times 8.54 = 109,312,000$(원)
∴ ㉠ − ㉡ $= 75,017,600$(원)

22 일본의 넷째 주 환율은 셋째 주 환율에 비해 몇 % 증가하였는가? (단, 소수점 둘째 자리에서 반올림한다)

① 15.5% ② 12.4%

③ 10.0% ④ 9.9%

 $\dfrac{9.12 - 8.30}{8.30} \times 100$
$= \dfrac{0.82}{8.30} \times 100$
∴ $9.87(\%)$

23 다음은 A백화점의 판매비율 증가를 나타낸 것으로 전체 평균 판매증가비율과 할인기간의 판매증가비율을 구분하여 표시한 것이다. 주어진 조건을 고려할 때 A~F에 해당하는 순서대로 차례로 나열한 것은?

구분 월별	A 전체	A 할인 판매	B 전체	B 할인 판매	C 전체	C 할인 판매	D 전체	D 할인 판매	E 전체	E 할인 판매	F 전체	F 할인 판매
1	20.5	30.9	15.1	21.3	32.1	45.3	25.6	48.6	33.2	22.5	31.7	22.5
2	19.3	30.2	17.2	22.1	31.5	41.2	23.2	33.8	34.5	27.5	30.5	22.9
3	17.2	28.7	17.5	12.5	29.7	39.7	21.3	32.9	35.6	29.7	30.2	27.5
4	16.9	27.8	18.3	18.9	26.5	38.6	20.5	31.7	36.2	30.5	29.8	28.3
5	15.3	27.7	19.7	21.3	23.2	36.5	20.3	30.5	37.3	31.3	27.5	27.2
6	14.7	26.5	20.5	23.5	20.5	33.2	19.5	30.2	38.1	39.5	26.5	25.5

○ ⊙ 의류, 냉장고, 보석, 핸드백, TV, 가구에 대한 표이다.
○ ⓒ 가구는 1월에 비해 6월에 전체 평균 판매증가비율이 높아졌다.
○ ⓒ 냉장고는 3월을 제외하고는 할인기간의 판매증가비율이 전체 평균 판매증가비율보다 크다.
○ ⓔ 핸드백은 할인기간의 판매증가비율보다 전체 평균 판매증가비율이 더 크다.
○ ⓜ 1월과 6월을 비교할 때 의류는 전체 평균 판매증가비율의 감소가 가장 크다.
○ ⓗ 보석은 1월에 전체 평균 판매증가비율과 할인기간의 판매증가비율의 차이가 가장 크다.

① TV - 의류 - 보석 - 핸드백 - 가구 - 냉장고
② TV - 냉장고 - 의류 - 보석 - 가구 - 핸드백
③ 의류 - 보석 - 가구 - 냉장고 - 핸드백 - TV
④ 의류 - 냉장고 - 보석 - 가구 - 핸드백 - TV

 주어진 표에 따라 조건을 확인해보면, 조건의 ⓒ은 B, E가 해당하는데 ⓒ에서 B가 해당하므로 ⓒ은 E가 된다. ⓔ은 F가 되고 ⓜ은 C가 되며 ⓗ은 D가 된다.
남은 것은 TV이므로 A는 TV가 된다.
그러므로 TV - 냉장고 - 의류 - 보석 - 가구 - 핸드백의 순서가 된다.

24 다음은 연도별 정부위원회 여성참여에 관한 자료이다. 표에 대한 설명으로 옳지 않은 것은?

〈표 1〉 위원회

구분	2003년	2004년	2005년	2006년	2007년	2008년
위원회수(개)	1292	1346	1431	1494	1651	1792
여성참여위원회(개)	1244	1291	1431	1454	1602	1685
여성참여위원회비율(%)	96	96	97	97	97	94

〈표 2〉 위원

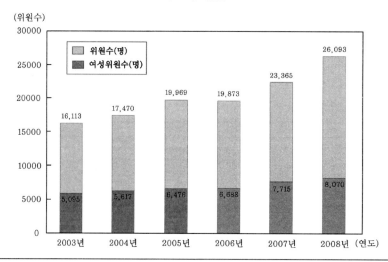

① 여성참여 위원회가 점차 증가하고 있다.

② 여성위위원수는 해마다 증가하는 추세이다.

③ 2008년은 전년도에 비해 여성참여위원회비율이 떨어졌다.

④ 2004년에 작년에 비해 위원회 수가 가장 많이 증가했다.

 2004년에는 전년에 비해 54개가 증가했고, 2007년이 2006년에 비해 157개 증가로 위원회 수가 가장 많이 증가한 해이다.

25 다음은 A카페의 커피 판매정보에 대한 자료이다. 한 잔만을 더 판매하고 영업을 종료한다고 할 때, 총이익이 정확히 64,000원이 되기 위해서 판매해야 하는 메뉴는?

(단위 : 원, 잔)

구분 메뉴	판매가격 (1잔)	현재까지 판매량	한 잔당 재료				
			원두 (200)	우유 (300)	바닐라 (100)	초코 (150)	캐러멜 (250)
아메리카노	3,000	5	○	×	×	×	×
카페라떼	3,500	3	○	○	×	×	×
바닐라라떼	4,000	3	○	○	○	×	×
카페모카	4,000	2	○	○	×	○	×
캐러멜라떼	4,300	6	○	○	○	×	○

※ 메뉴별 이익＝(메뉴별 판매가격－메뉴별 재료비) × 메뉴별 판매량
※ 총이익은 메뉴별 이익의 합이며, 다른 비용은 고려하지 않음.
※ A카페는 5가지 메뉴만을 판매하며, 메뉴별 1잔 판매가격과 재료비는 변동 없음.
※ ○ : 해당 재료 한 번 사용, × : 해당 재료 사용하지 않음.

① 아메리카노   ② 카페라떼
③ 바닐라라떼   ④ 카페모카

 메뉴별 이익을 계산해보면 다음과 같으므로, 현재 총이익은 60,600원이다. 한 잔만 더 판매하고 영업을 종료했을 때 총이익이 64,000원이 되려면 한 잔의 이익이 3,400원이어야 하므로 바닐라라떼를 판매해야 한다.

구분	메뉴별 이익	1잔당 이익
아메리카노	$(3,000-200) \times 5 = 14,000$원	2,800원
카페라떼	$\{3,500-(200+300)\} \times 3 = 9,000$원	3,000원
바닐라라떼	$\{4,000-(200+300+100)\} \times 3 = 10,200$원	3,400원
카페모카	$\{4,000-(200+300+150)\} \times 2 = 6,700$원	3,350원
캐러멜라떼	$\{4,300-(200+300+100+250)\} \times 6 = 20,700$원	3,450원

Answer ↦ 24.④ 25.③

04 자원관리능력

1 자원과 자원관리

(1) 자원

① 자원의 종류 … 시간, 돈, 물적자원, 인적자원

② 자원의 낭비요인 … 비계획적 행동, 편리성 추구, 자원에 대한 인식 부재, 노하우 부족

(2) 자원관리 기본 과정

① 필요한 자원의 종류와 양 확인

② 이용 가능한 자원 수집하기

③ 자원 활용 계획 세우기

④ 계획대로 수행하기

예제 1

당신은 A출판사 교육훈련 담당자이다. 조직의 효율성을 높이기 위해 전사적인 시간관리에 대한 교육을 실시하기로 하였지만 바쁜 일정 상 직원들을 집합교육에 동원할 수 있는 시간은 제한적이다. 다음 중 귀하가 최우선의 교육 대상으로 삼아야 하는 것은 어느 부분인가?

구분	긴급한 일	긴급하지 않은 일
중요한 일	제1사분면	제2사분면
중요하지 않은 일	제3사분면	제4사분면

[출제의도]

주어진 일들을 중요도와 긴급도에 따른 시간관리 매트릭스에서 우선순위를 구분할 수 있는가를 측정하는 문항이다.

[해설]

교육훈련에서 최우선 교육대상으로 삼아야 하는 것은 긴급하지 않지만 중요한 일이다. 이를 긴급하지 않다고 해서 뒤로 미루다보면 급박하게 처리해야하는 업무가 증가하여 효율적인 시간관리가 어려워진다.

① 중요하고 긴급한 일로 위기사항이나 급박한 문제, 기간이 정해진 프로젝트 등이 해당되는 제1사분면
② 긴급하지는 않지만 중요한 일로 인간관계구축이나 새로운 기회의 발굴, 중장기 계획 등이 포함되는 제2사분면
③ 긴급하지만 중요하지 않은 일로 잠깐의 급한 질문, 일부 보고서, 눈 앞의 급박한 사항이 해당되는 제3사분면
④ 중요하지 않고 긴급하지 않은 일로 하찮은 일이나 시간낭비거리, 즐거운 활동 등이 포함되는 제4사분면

구분	긴급한 일	긴급하지 않은 일
중요한 일	위기사항, 급박한 문제, 기간이 정해진 프로젝트	인간관계구축, 새로운 기회의 발굴, 중장기계획
중요하지 않은 일	잠깐의 급한 질문, 일부 보고서, 눈앞의 급박한 사항	하찮은 일, 우편물, 전화, 시간낭비거리, 즐거운 활동

답 ②

2 자원관리능력을 구성하는 하위능력

(1) 시간관리능력

① 시간의 특성
　　㉠ 시간은 매일 주어지는 기적이다.
　　㉡ 시간은 똑같은 속도로 흐른다.
　　㉢ 시간의 흐름은 멈추게 할 수 없다.
　　㉣ 시간은 꾸거나 저축할 수 없다.
　　㉤ 시간은 사용하기에 따라 가치가 달라진다.

② 시간관리의 효과
　　㉠ 생산성 향상
　　㉡ 가격 인상
　　㉢ 위험 감소
　　㉣ 시장 점유율 증가

③ 시간계획

ㄱ 개념 : 시간 자원을 최대한 활용하기 위하여 가장 많이 반복되는 일에 가장 많은 시간을 분배하고, 최단시간에 최선의 목표를 달성하는 것을 의미한다.

ㄴ 60 : 40의 Rule

계획된 행동 (60%)	계획 외의 행동 (20%)	자발적 행동 (20%)
총 시간		

예제 2

유아용품 홍보팀의 사원 은이씨는 일산 킨텍스에서 열리는 유아용품박람회에 참여하고자 한다. 당일 회의 후 출발해야 하며 회의 종료 시간은 오후 3시이다.

장소	일시
일산 킨텍스 제2전시장	2016. 1. 20(금) PM 15:00~19:00 * 입장가능시간은 종료 2시간 전까지

오시는 길
지하철 : 4호선 대화역(도보 30분 거리)
버스 : 8109번, 8407번(도보 5분 거리)

• 회사에서 버스정류장 및 지하철역까지 소요시간

출발지	도착지		소요시간
회사	×× 정류장	도보	15분
		택시	5분
	지하철역	도보	30분
		택시	10분

• 일산 킨텍스 가는 길

교통편	출발지	도착지	소요시간
지하철	강남역	대화역	1시간 25분
버스	×× 정류장	일산 킨텍스 정류장	1시간 45분

위의 제시 상황을 보고 은이씨가 선택할 교통편으로 가장 적절한 것은?

① 도보 – 지하철　　　　　② 도보 – 버스
③ 택시 – 지하철　　　　　④ 택시 – 버스

[출제의도]
주어진 여러 시간정보를 수집하여 실제 업무 상황에서 시간자원을 어떻게 활용할 것인지 계획하고 할당하는 능력을 측정하는 문항이다.
[해설]
④ 택시로 버스정류장까지 이동해서 버스를 타고 가게 되면 택시(5분), 버스(1시간 45분), 도보(5분)으로 1시간 55분이 걸린다.
① 도보–지하철 : 도보(30분), 지하철(1시간 25분), 도보(30분)이므로 총 2시간 25분이 걸린다.
② 도보–버스 : 도보(15분), 버스(1시간 45분), 도보(5분)이므로 총 2시간 5분이 걸린다.
③ 택시–지하철 : 택시(10분), 지하철(1시간 25분), 도보(30분)이므로 총 2시간 5분이 걸린다.

답 ④

(2) 예산관리능력

① 예산과 예산관리

    ㉠ 예산 : 필요한 비용을 미리 헤아려 계산하는 것이나 그 비용

    ㉡ 예산관리 : 활동이나 사업에 소요되는 비용을 산정하고, 예산을 편성하는 것뿐만 아니라 예산을 통제하는 것 모두를 포함한다.

② 예산의 구성요소

비용	직접비용	재료비, 원료와 장비, 시설비, 여행(출장) 및 잡비, 인건비 등
	간접비용	보험료, 건물관리비, 광고비, 통신비, 사무비품비, 각종 공과금 등

③ 예산수립 과정 : 필요한 과업 및 활동 구명 → 우선순위 결정 → 예산 배정

예제 3

당신은 가을 체육대회에서 총무를 맡으라는 지시를 받았다. 다음과 같은 계획에 따라 예산을 진행하였으나 확보된 예산이 생각보다 적게 되어 불가피하게 비용항목을 줄여야 한다. 다음 중 귀하가 비용 항목을 없애기에 가장 적절한 것은 무엇인가?

〈○○산업공단 춘계 1차 워크숍〉

1. 해당부서 : 인사관리팀, 영업팀, 재무팀
2. 일　　정 : 2016년 4월 21일~23일(2박 3일)
3. 장　　소 : 강원도 속초 ○○연수원
4. 행사내용 : 바다열차탑승, 체육대회, 친교의 밤 행사, 기타

① 숙박비　　　　　　　② 식비
③ 교통비　　　　　　　④ 기념품비

[출제의도]
업무에 소요되는 예산 중 꼭 필요한 것과 예산을 감축해야할 때 삭제 또는 감축이 가능한 것을 구분해내는 능력을 묻는 문항이다.

[해설]
한정된 예산을 가지고 과업을 수행할 때에는 중요도를 기준으로 예산을 사용한다. 위와 같이 불가피하게 비용 항목을 줄여야 한다면 기본적인 항목인 숙박비, 식비, 교통비는 유지되어야 하기에 항목을 없애기 가장 적절한 정답은 ④번이 된다.

답 ④

(3) 물적관리능력

① 물적자원의 종류
   ㉠ **자연자원** : 자연상태 그대로의 자원 ex) 석탄, 석유 등
   ㉡ **인공자원** : 인위적으로 가공한 자원 ex) 시설, 장비 등

② **물적자원관리** … 물적자원을 효과적으로 관리할 경우 경쟁력 향상이 향상되어 과제 및 사업의 성공으로 이어지며, 관리가 부족할 경우 경제적 손실로 인해 과제 및 사업의 실패 가능성이 커진다.

③ 물적자원 활용의 방해요인
   ㉠ 보관 장소의 파악 문제
   ㉡ 훼손
   ㉢ 분실

④ 물적자원관리 과정

과정	내용
사용 물품과 보관 물품의 구분	• 반복 작업 방지 • 물품활용의 편리성
동일 및 유사 물품으로의 분류	• 동일성의 원칙 • 유사성의 원칙
물품 특성에 맞는 보관 장소 선정	• 물품의 형상 • 물품의 소재

예제 4

S호텔의 외식사업부 소속인 K씨는 예약일정 관리를 담당하고 있다. 아래의 예약일정과 정보를 보고 K씨의 판단으로 옳지 않은 것은?

〈S호텔 일식 뷔페 1월 ROOM 예약 일정〉

* 예약 : ROOM 이름(시작시간)

SUN	MON	TUE	WED	THU	FRI	SAT
					1	2
					백합(16)	장미(11) 백합(15)
3	4	5	6	7	8	9
라일락(15)		백향목(10) 백합(15)	장미(10) 백향목(17)	백합(11) 라일락(18)	백향목(15)	장미(10) 라일락(15)

ROOM 구분	수용가능인원	최소투입인력	연회장 이용시간
백합	20	3	2시간
장미	30	5	3시간
라일락	25	4	2시간
백향목	40	8	3시간

- 오후 9시에 모든 업무를 종료함
- 한 타임 끝난 후 1시간씩 세팅 및 정리
- 동 시간 대 서빙 투입인력은 총 10명을 넘을 수 없음

안녕하세요, 1월 첫째 주 또는 둘째 주에 신년회 행사를 위해 ROOM을 예약하려고 하는데요, 저희 동호회의 총 인원은 27명이고 오후 8시쯤 마무리하려고 합니다. 신정과 주말, 월요일은 피하고 싶습니다. 예약이 가능할까요?

① 인원을 고려했을 때 장미ROOM과 백향목ROOM이 적합하겠군.
② 만약 2명이 안 온다면 예약 가능한 ROOM이 늘어나겠구나.
③ 조건을 고려했을 때 예약 가능한 ROOM은 5일 장미ROOM뿐이겠구나.
④ 오후 5시부터 8시까지 가능한 ROOM을 찾아야해.

[출제의도]
주어진 정보와 일정표를 토대로 이용 가능한 물적자원을 확보하여 이를 정확하게 안내할 수 있는 능력을 측정하는 문항이다. 고객이 제공한 정보를 정확하게 파악하고 그 조건 안에서 가능한 자원을 제공할 수 있어야 한다.

[해설]
③ 조건을 고려했을 때 5일 장미 ROOM과 7일 장미ROOM이 예약 가능하다.
① 참석 인원이 27명이므로 30명 수용 가능한 장미ROOM과 40명 수용 가능한 백향목ROOM 두 곳이 적합하다.
② 만약 2명이 안 온다면 총 참석 인원이 25명이므로 라일락ROOM, 장미ROOM, 백향목ROOM이 예약 가능하다.
④ 오후 8시에 마무리하려고 계획하고 있으므로 적절하다.

답 ③

(4) 인적자원관리능력

① 인맥 … 가족, 친구, 직장동료 등 자신과 직접적인 관계에 있는 사람들인 핵심인맥과 핵심
   인맥들로부터 알게 된 파생인맥이 존재한다.

② 인적자원의 특성 … 능동성, 개발가능성, 전략적 자원

③ 인력배치의 원칙

　　㉠ 적재적소주의 : 팀의 효율성을 높이기 위해 팀원의 능력이나 성격 등과 가장 적합한 위
　　　치에 배치하여 팀원 개개인의 능력을 최대로 발휘해 줄 것을 기대하는 것

　　㉡ 능력주의 : 개인에게 능력을 발휘할 수 있는 기회와 장소를 부여하고 그 성과를 바르게
　　　평가하며 평가된 능력과 실적에 대해 그에 상응하는 보상을 주는 원칙

　　㉢ 균형주의 : 모든 팀원에 대한 적재적소를 고려

④ 인력배치의 유형

　　㉠ 양적 배치 : 부문의 작업량과 조업도, 여유 또는 부족 인원을 감안하여 소요인원을 결
　　　정하여 배치하는 것

　　㉡ 질적 배치 : 적재적소의 배치

　　㉢ 적성 배치 : 팀원의 적성 및 흥미에 따라 배치하는 것

예제 5

최근 조직개편 및 연봉협상 과정에서 직원들의 불만이 높아지고 있다. 온
갖 루머가 난무한 가운데 인사팀원인 당신에게 사내 게시판의 직원 불만사
항에 대한 진위여부를 파악하고 대안을 세우라는 팀장의 지시를 받았다.
다음 중 당신이 조치를 취해야 하는 직원은 누구인가?

① 사원 A는 팀장으로부터 업무 성과가 탁월하다는 평가를 받았는데도 조직개편
　으로 인한 부서 통합으로 인해 승진을 못한 것이 불만이다.

② 사원 B는 회사가 예년에 비해 높은 영업 이익을 얻었는데도 불구하고 연봉
　인상에 인색한 것이 불만이다.

③ 사원 C는 회사가 급여 정책을 변경해서 고정급 비율을 낮추고 기본급과 인센
　티브를 지급하는 제도로 바꾼 것이 불만이다.

④ 사원 D는 입사 동기인 동료가 자신보다 업무 실적이 좋지 않고 불성실한 근
　무태도를 가지고 있는데, 팀장과의 친분으로 인해 자신보다 높은 평가를 받
　은 것이 불만이다.

[출제의도]
주어진 직원들의 정보를 통해 시급
하게 진위여부를 가리고 조치하여
인력배치를 해야 하는 사항을 확인
하는 문제이다.

[해설]
사원 A, B, C는 각각 조직 정책에
대한 불만이기에 논의를 통해 조직
적으로 대처하는 것이 옳지만, 사
원 D는 팀장의 독단적인 전횡에
대한 불만이기 때문에 조사하여 시
급히 조치할 필요가 있다. 따라서
가장 적절한 답은 ④번이 된다.

답 ④

1 A씨와 B씨는 내일 있을 시장동향 설명회에 발표할 준비를 함께 하게 되었다. 우선 오전 동안 자료를 수집하고 오후 1시에 함께 회의하여 PPT작업과 도표로 작성해야 할 자료 등을 정리하고 각자 다음과 같은 업무를 나눠서 하려고 한다. 회의를 제외한 모든 업무는 혼자서 할 수 있는 일이고, 발표원고 작성은 PPT가 모두 작성되어야 시작할 수 있다. 각 영역당 소요시간이 다음과 같을 때 옳지 않은 것은? (단, 두 사람은 가장 빨리 작업을 끝낼 수 있는 방법을 선택한다)

업무	소요시간
회의	1시간
PPT 작성	2시간
PPT 검토	2시간
발표원고 작성	3시간
도표 작성	3시간

① 7시까지 발표 준비를 마칠 수 있다.
② 두 사람은 같은 시간에 준비를 마칠 수 있다.
③ A가 도표작성 능력이 떨어지고 두 사람의 PPT 활용 능력이 비슷하다면 발표원고는 A가 작성하게 된다.
④ 도표를 작성한 사람이 발표원고를 작성한다.

 ④ PPT작성이 도표작성보다 더 먼저 끝나므로 PPT를 작성한 사람이 발표원고를 작성하는 것이 일을 더 빨리 끝낼 수 있다.

Answer⟶ 1.④

▮2~3▮ D회사에서는 1년에 1명을 선발하여 해외연수를 보내주는 제도가 있다. 김부장, 최과장, 오과장, 홍대리 4명이 지원한 가운데 〈선발 기준〉과 〈지원자 현황〉은 다음과 같다. 다음을 보고 물음에 답하시오.

〈선발 기준〉

구분	점수	비고
외국어 성적	50점	
근무 경력	20점	15년 이상이 만점 대비 100%, 10년 이상 15년 미만이 70%, 10년 미만이 50%이다. 단, 근무경력이 최소 5년 이상인 자만 선발 자격이 있다.
근무 성적	10점	
포상	20점	3회 이상이 만점 대비 100%, 1~2회가 50%, 0회가 0%이다.
계	100점	

〈지원자 현황〉

구분	김부장	최과장	오과장	홍대리
근무경력	30년	20년	10년	3년
포상	2회	4회	0회	5회

※ 외국어 성적은 김부장과 최과장이 만점 대비 50%이고, 오과장이 80%, 홍대리가 100%이다.
※ 근무 성적은 최과장이 만점이고, 김부장, 오과장, 홍대리는 만점 대비 90%이다.

2 위의 선발기준과 지원자 현황에 따를 때 가장 높은 점수를 받은 사람이 선발된다면 선발되는 사람은?

① 김부장   ② 최과장
③ 오과장   ④ 홍대리

	김부장	최과장	오과장	홍대리
외국어 성적	25점	25점	40점	근무경력이 5년 미만이므로 선발 자격이 없다.
근무 경력	20점	20점	14점	
근무 성적	9점	10점	9점	
포상	10점	20점	0점	
계	64점	75점	63점	

3 회사 규정의 변경으로 인해 선발기준이 다음과 같이 변경되었다면, 새로운 선발기준 하에서 선발되는 사람은? (단, 가장 높은 점수를 받은 사람이 선발된다)

구분	점수	비고
외국어 성적	40점	
근무 경력	40점	30년 이상이 만점 대비 100%, 20년 이상 30년 미만이 70%, 20년 미만이 50%이다. 단, 근무경력이 최소 5년 이상인 자만 선발 자격이 있다.
근무 성적	10점	
포상	10점	3회 이상이 만점 대비 100%, 1~2회가 50%, 0회가 0%이다.
계	100점	

① 김부장
② 최과장
③ 오과장
④ 홍대리

	김부장	최과장	오과장	홍대리
외국어 성적	20점	20점	32점	근무경력이 5년 미만이므로 선발 자격이 없다.
근무 경력	40점	28점	20점	
근무 성적	9점	10점	9점	
포상	5점	10점	0점	
계	74점	68점	61점	

Answer 2.② 3.①

4 다음 상황에서 총 순이익 200억 중에 Y사가 150억을 분배 받았다면 Y사의 연구개발비는 얼마인가?

> X사와 Y사는 신제품을 공동개발하여 판매한 총 순이익을 다음과 같은 기준에 의해 분배하기로 약정하였다.
> - 1번째 기준 : X사와 Y사는 총 순이익에서 각 회사 제조원가의 10%에 해당하는 금액을 우선 각자 분배 받는다.
> - 2번째 기준 : 총 순수익에서 위의 1번째 기준에 의해 분배 받은 금액을 제외한 나머지 금액에 대한 분배는 각 회사가 연구개발을 지출한 비용에 비례하여 분배액을 정한다.
>
> 〈신제품 개발과 판례에 따른 연구개발비용과 총 순이익〉
>
> (단위 : 억 원)
>
> | 구분 | X사 | Y사 |
> |---|---|---|
> | 제조원가 | 200 | 600 |
> | 연구개발비 | 100 | ( ) |
> | 총 순이익 | 200 | |

① 200억 원 ② 250억 원

③ 300억 원 ④ 350억 원

 1번째 기준에 의해 X사는 200억의 10%인 20억을 분배 받고, Y사는 600억의 10%인 60억을 분배 받는다. Y가 분배 받은 금액이 총 150억이라고 했으므로 X사가 분배 받은 금액은 50억이다. X사가 두 번째 기준에 의해 분배 받은 금액은 30억이고, Y사가 두 번째 기준에 의해 분배 받은 금액은 90억이다. 두 번째 기준은 연구개발비용에 비례하여 분배 받은 것이므로 X사의 연구개발비의 3배로 계산하면 300억이다.

5 다음 글과 〈조건〉을 근거로 판단할 때, 중국으로 출장 가는 사람으로 짝지어진 것은?

C회사에서는 업무상 외국 출장이 잦은 편이다. 인사부 A씨는 매달 출장 갈 직원들을 정하는 업무를 맡고 있다. 이번 달에는 총 4국가로 출장을 가야 하며 인원은 다음과 같다.

미국	영국	중국	일본
1명	4명	3명	4명

출장을 갈 직원은 이과장, 김과장, 신과장, 류과장, 임과장, 장과장, 최과장이 있으며, 개인별 출장 가능한 국가는 다음과 같다.

직원 국가	이과장	김과장	신과장	류과장	임과장	장과장	최과장
미국	○	×	○	×	×	×	×
영국	○	×	○	○	○	×	×
중국	×	○	○	○	○	×	○
일본	×	×	○	×	○	○	○

※ ○ : 출장 가능, × : 출장 불가능

※ 어떤 출장도 일정이 겹치진 않는다.

〈조건〉
• 한 사람이 두 국가까지만 출장 갈 수 있다.
• 모든 사람은 한 국가 이상 출장을 가야 한다.

① 김과장, 최과장, 류과장　　　② 김과장, 신과장, 류과장
③ 신과장, 류과장, 임과장　　　④ 김과장, 임과장, 최과장

 모든 사람이 한 국가 이상 출장을 가야 한다고 했으므로 김과장은 꼭 중국을 가야 하며, 장과장은 꼭 일본을 가야 한다. 또한 영국으로 4명이 출장을 가야 되고, 출장 가능 직원도 4명이므로 이과장, 신과장, 류과장, 임과장이 영국을 가야한다. 4국가 출장에 필요한 직원은 12명인데 김과장과 장과장이 1국가 밖에 못가므로 나머지 5명이 2국가를 출장간다는 것에 주의한다.

	출장가는 직원
미국(1명)	이과장
영국(4명)	류과장, 이과장, 신과장, 임과장
중국(3명)	김과장, 최과장, 류과장
일본(4명)	장과장, 최과장, 신과장, 임과장

Answer ↦ 4.③ 5.①

6 인사부에서 근무하는 H씨는 다음 〈상황〉과 〈조건〉에 근거하여 부서 배정을 하려고 한다. 〈상황〉과 〈조건〉을 모두 만족하는 부서 배정은 어느 것인가?

〈상황〉

　총무부, 영업부, 홍보부에는 각각 3명, 2명, 4명의 인원을 배정하여야 한다. 이번에 선발한 인원으로는 5급이 A, B, C가 있으며, 6급이 D, E, F가 있고 7급이 G, H, I가 있다.

〈조건〉

조건1 : 총무부에는 5급이 2명 배정되어야 한다.
조건2 : B와 C는 서로 다른 부서에 배정되어야 한다.
조건3 : 홍보부에는 7급이 2명 배정되어야 한다.
조건4 : A와 I는 같은 부서에 배정되어야 한다.

총무부	영업부	홍보부
① A, C, I	D, E	B, F, G, H
② A, B, E	D, G	C, F, H, I
③ A, B, I	C, D, G	E, F, H
④ B, C, H	D, E	A, F, G, I

② A와 I가 같은 부서에 배정되어야 한다는 조건4를 만족하지 못한다.
③ 홍보부에 4명이 배정되어야 한다는 〈상황〉에 부합하지 못한다.
④ B와 C가 서로 다른 부서에 배정되어야 한다는 조건2를 만족하지 못한다.

7 다음은 어느 회사의 성과상여금 지급기준이다. 다음 기준에 따를 때 성과상여금을 가장 많이 받는 사원과 가장 적게 받는 사원의 금액 차이는 얼마인가?

〈성과상여금 지급기준〉

지급원칙
• 성과상여금은 적용대상사원에 대하여 성과(근무성적, 업무난이도, 조직 기여도의 평점 합) 순위에 따라 지급한다.

성과상여금 지급기준액

5급 이상	6급~7급	8급~9급	계약직
500만 원	400만 원	200만 원	200만 원

지급등급 및 지급률
• 5급 이상

지급등급	S등급	A등급	B등급	C등급
성과 순위	1위	2위	3위	4위 이하
지급률	180%	150%	120%	80%

• 6급 이하 및 계약직

지급등급	S등급	A등급	B등급
성과 순위	1위~2위	3~4위	5위 이하
지급률	150%	130%	100%

지급액 산정방법
개인별 성과상여금 지급액은 지급기준액에 해당등급의 지급율을 곱하여 산정한다.

〈소속사원 성과 평점〉

사원	평점			직급
	근무성적	업무난이도	조직기여도	
수현	8	5	7	계약직
이현	10	6	9	계약직
서현	8	8	6	4급
진현	5	5	8	5급
준현	9	9	10	6급
지현	9	10	8	7급

Answer 6.① 7.③

① 260만 원   ② 340만 원

③ 400만 원   ④ 450만 원

 사원별로 성과상여금을 계산해보면 다음과 같다.

사원	평점 합	순위	산정금액
수현	20	5	200만 원×100%=200만 원
이현	25	3	200만 원×130%=260만 원
서현	22	4	500만 원×80%=400만 원
진현	18	6	500만 원×80%=400만 원
준현	28	1	400만 원×150%=600만 원
지현	27	2	400만 원×150%=600만 원

가장 많이 받은 금액은 600만 원이고 가장 적게 받은 금액은 200만 원이므로 이 둘의 차는 400만 원이다.

8 G회사에서 근무하는 S씨는 직원들의 출장비를 관리하고 있다. 이 회사의 규정이 다음과 같을 때 S씨가 甲 부장에게 지급해야 하는 총일비와 총 숙박비는 각각 얼마인가? (국가 간 이동은 모두 항공편으로 한다고 가정한다)

여행일수의 계산

여행일수는 여행에 실제로 소요되는 일수에 의한다. 국외여행의 경우에는 국내 출발일은 목적지를, 국내 도착일은 출발지를 여행하는 것으로 본다.

여비의 구분계산

• 여비 각 항목은 구분하여 계산한다.
• 같은 날에 여비액을 달리하여야 할 경우에는 많은 액을 기준으로 지급한다.

일비·숙박비의 지급

• 국외여행자의 경우는 〈국외여비정액표〉에 따라 지급한다.
• 일비는 여행일수에 따라 지급한다.
• 숙박비는 숙박하는 밤의 수에 따라 지급한다. 다만 항공편 이동 중에는 따로 숙박비를 지급하지 아니한다.

〈국외여비정액표〉

(단위 : 달러)

구분	여행국가	일비	숙박비
부장	A국	80	233
	B국	70	164

〈甲의 여행일정〉

1일째	(06:00) 출국	
2일째	(07:00) A국 도착	
	(18:00) 만찬	
3일째	(09:00) 회의	
	(15:00) A국 출국	
	(17:00) B국 도착	
4일째	(09:00) 회의	
	(18:00) 만찬	
5일째	(22:00) B국 출국	
6일째	(20:00) 귀국	

	총일비(달러)	총숙박비(달러)
①	450	561
②	450	610
③	460	610
④	460	561

ㄱ 1일째와 2일째는 일비가 각각 80달러이고, 3일째는 여비액이 다를 경우 많은 액을 기준으로 삼는다 했으므로 80달러, 4~6일째는 각각 70달러이다. 따라서 총일비는 450달러이다.

ㄴ 1일째에서 2일째로 넘어가는 밤에는 항공편에서 숙박했고, 2일째에서 3일째 넘어가는 밤에는 숙박비가 233달러이다. 3일째에서 4일째로 넘어가는 밤과 4일째에서 5일째로 넘어가는 밤에는 각각 숙박비가 164달러이다. 5일째에서 6일째로 넘어가는 밤에는 항공편에서 숙박했다. 따라서 총숙박비는 561달러이다.

Answer⤷ 8.①

▌9~10▐ 공장 주변지역의 농경수 오염에 책임이 있는 기업이 총 70억 원의 예산을 가지고 피해 현황 심사와 보상을 진행한다고 한다. 다음 글을 읽고 물음에 답하시오.

총 500건의 피해가 발생했고, 기업측에서는 실제 피해 현황을 심사하여 보상하기로 하였다. 심사에 소요되는 비용은 보상 예산에서 사용한다. 심사를 통해 좀 더 정확한 피해 규모를 파악할 수 있지만, 그에 따라 소요되는 비용 또한 증가하게 된다.

	1일째	2일째	3일째	4일째
일별 심사 비용(억 원)	0.5	0.7	0.9	1.1
일별 보상대상 제외건수	50	45	40	35

• 보상금 총액=예산−심사 비용
• 표는 누적수치가 아닌, 하루에 소요되는 비용을 말함
• 일별 심사 비용은 매일 0.2억씩 증가하고 제외건수는 매일 5건씩 감소함
• 제외건수가 0이 되는 날, 심사를 중지하고 보상금을 지급함

9 기업측이 심사를 중지하는 날까지 소요되는 일별 심사 비용은 총 얼마인가?

① 15억 원   ② 15.5억 원

③ 16억 원   ④ 16.5억 원

 제외건수가 매일 5건씩 감소한다고 했으므로 11일째 되는 날 제외건수가 0이 되고 일별 심사 비용은 총 16.5억 원이 된다.

10 심사를 중지하고 총 500건에 대해서 보상을 한다고 할 때, 보상대상자가 받는 건당 평균 보상금은 대략 얼마인가?

① 약 1천만 원   ② 약 2천만 원

③ 약 3천만 원   ④ 약 4천만 원

 (70억−16.5억)/500건=1,070만 원

11 甲회사 인사부에 근무하고 있는 H부장은 각 과의 요구를 모두 충족시켜 신규직원을 배치하여야 한다. 각 과의 요구가 다음과 같을 때 홍보과에 배정되는 사람은 누구인가?

〈신규직원 배치에 대한 각 과의 요구〉
• 관리과 : 5급이 1명 배정되어야 한다.
• 홍보과 : 5급이 1명 배정되거나 6급이 2명 배정되어야 한다.
• 재무과 : B가 배정되거나 A와 E가 배정되어야 한다.
• 총무과 : C와 D가 배정되어야 한다.

〈신규직원〉
• 5급 2명(A, B)
• 6급 4명(C, D, E, F)

① A   ② B
③ C와 D   ④ E와 F

 주어진 조건을 보면 관리과와 재무과에는 반드시 각각 5급이 1명씩 배정되고, 총무과에는 6급 2명이 배정된다. 인원수를 따져보면 홍보과에는 5급을 배정할 수 없기 때문에 6급이 2명 배정된다. 6급 4명 중에 C와 D는 총무과에 배정되므로 홍보과에 배정되는 사람은 E와 F이다. 각 과별로 배정되는 사람을 정리하면 다음과 같다.

관리과	A
홍보과	E, F
재무과	B
총무과	C, D

Answer 9.④ 10.① 11.④

12 S기관은 업무처리시 오류 발생을 줄이기 위해 2016년부터 오류 점수를 계산하여 인사고과에 반영한다고 한다. 이를 위해 매월 직원별로 오류 건수를 조사하여 오류 점수를 다음과 같이 계산한다고 할 때, 가장 높은 오류 점수를 받은 사람은 누구인가?

〈오류 점수 계산 방식〉

• 일반 오류는 1건당 10점, 중대 오류는 1건당 20점씩 오류 점수를 부과하여 이를 합산한다.
• 전월 우수사원으로 선정된 경우, 합산한 오류 점수에서 80점을 차감하여 월별 최종 오류 점수를 계산한다.

〈S기관 벌점 산정 기초자료〉

직원	오류 건수(건)		전월 우수사원 선정 여부
	일반 오류	중대 오류	
A	5	20	미선정
B	10	20	미선정
C	15	15	선정
D	20	10	미선정

① A

② B

③ C

④ D

 ① A : 450점
② B : 500점
③ C : 370점
④ D : 400점

13 Z회사는 6대(A~F)의 자동차 생산을 주문받았다. 오늘을 포함하여 30일 이내에 자동차를 생산할 계획이며 Z회사의 하루 최대투입가능 근로자 수는 100명이다. 다음 〈공정표〉에 근거할 때 Z회사가 벌어들일 수 있는 최대 수익은 얼마인가? (단, 작업은 오늘부터 개시되며 각 근로자는 자신이 투입된 자동차의 생산이 끝나야만 다른 자동차의 생산에 투입될 수 있고 1일 필요 근로자 수 이상의 근로자가 투입되더라도 자동차당 생산 소요기간은 변하지 않는다)

〈공정표〉

자동차	소요기간	1일 필요 근로자 수	수익
A	5일	20명	15억 원
B	10일	30명	20억 원
C	10일	50명	40억 원
D	15일	40명	35억 원
E	15일	60명	45억 원
F	20일	70명	85억 원

① 150억 원 　　　　　　② 155억 원

③ 160억 원 　　　　　　④ 165억 원

 최대 수익을 올리는 있는 진행공정은 다음과 같다.

F(20일, 70명)			C(10일, 50명)
B(10일, 30명)	A(5일, 20명)		

F(85억) + B(20억) + A(15억) + C(40억) = 160억

14 J회사 관리부에서 근무하는 L씨는 소모품 구매를 담당하고 있다. 2016년 5월 중에 다음 조건 하에서 A4용지와 토너를 살 때, 총 비용이 가장 적게 드는 경우는? (단, 2016년 5월 1일에는 A4용지와 토너는 남아 있다고 가정하며, 다 썼다는 말이 없으면 그 소모품들은 남아있다고 가정한다)

- A4용지 100장 한 묶음의 정가는 1만 원, 토너는 2만 원이다. (A4용지는 100장 단위로 구매함)
- J회사와 거래하는 ◇◇오피스는 매달 15일에 전 품목 20% 할인 행사를 한다.
- ◇◇오피스에서는 5월 5일에 A사 카드를 사용하면 정가의 10%를 할인해 준다.
- 총 비용이란 소모품 구매가격과 체감비용(소모품을 다 써서 느끼는 불편)을 합한 것이다.
- 체감비용은 A4용지와 토너 모두 하루에 500원이다.
- 체감비용을 계산할 때, 소모품을 다 쓴 당일은 포함하고 구매한 날은 포함하지 않는다.
- 소모품을 다 쓴 당일에 구매하면 체감비용은 없으며, 소모품이 남은 상태에서 새 제품을 구입할 때도 체감비용은 없다.

① 3일에 A4용지만 다 써서, 5일에 A사 카드로 A4용지와 토너를 살 경우

② 13일에 토너만 다 써서 당일 토너를 사고, 15일에 A4용지를 살 경우

③ 10일에 A4용지와 토너를 다 써서 15일에 A4용지와 토너를 같이 살 경우

④ 3일에 A4용지만 다 써서 당일 A4용지를 사고, 13일에 토너를 다 써서 15일에 토너만 살 경우

① 1,000원(체감비용)+27,000원=28,000원
② 20,000원(토너)+8,000원(A4용지)=28,000원
③ 5,000원(체감비용)+24,000원=29,000원
④ 10,000원(A4용지)+1,000원(체감비용)+16,000원(토너)=27,000원

15 다음에서 설명하는 예산제도는 무엇인가?

> 이것은 정부 예산이 여성과 남성에게 미치는 영향을 평가하고 이를 반영함으로써 예산에 뒷받침되는 정책과 프로그램이 성별 형평성을 담보하고, 편견과 고정관념을 배제하며, 남녀 차이를 고려하여 의도하지 않은 예산의 불평등한 배분효과를 파악하고, 이에 대한 개선안을 제시함으로써 궁극적으로 예산의 배분규칙을 재정립할 수 있도록 하는 제도이다. 또한 정책의 공정성을 높일 수 있으며, 남녀의 차이를 고려하므로 정책이 더 효율적이고 양성 평등한 결과를 기대할 수 있다. 그리하여 남성과 여성이 동등한 수준의 삶의 질을 향유할 수 있다는 장점이 있다.

① 품목별예산제도
② 성인지예산제도
③ 영기준예산제도
④ 성과주의예산제도

 ① **품목별 예산제도** : 지출대상을 품목별로 분류해 그 지출대상과 한계를 명확히 규정하는 통제지향적 예산제도
③ **영기준예산제도** : 모든 예산항목에 대해 전년도 예산을 기준으로 잠정적인 예산을 책정하지 않고 모든 사업계획과 활동에 대해 법정경비 부분을 제외하고 영 기준(zero-base)을 적용하여 과거의 실적이나 효과, 정책의 우선순위를 엄격히 심사해 편성한 예산제도
④ **성과주의예산제도** : 예산을 기능별, 사업계획별, 활동별로 분류하여 예산의 지출과 성과의 관계를 명백히 하기 위한 예산제도

Answer↦ 14.④ 15.②

16 다음 C사의 수당지급과 관련한 자료를 참고할 때 갑, 을, 병 세 직원의 추가근무수당 총 합계액이 100만 원을 넘지 않는 한도 내에서 '갑'의 최대 시간외 근무 시간은 몇 시간인가?

〈추가근무수당 지급 기준표〉

종류	지급 산식	지급 기준
시간외 근무수당	통상임금×1.5/200×근무시간	
야간 근무수당	통상임금×0.5/200×근무시간	시간외 근무와 중복 시
휴일 근무수당	통상임금×0.5/200×근무시간	시간외 근무수당에 적용

〈통상임금표〉

직급	3급	4급	5급	6급
통상임금(원)	2,400,000	2,000,000	1,800,000	1,600,000

〈직원별 근로시간 내역〉

직원	직급	시간외 근무(H)	야간 근무(H)	휴일 근무(H)
갑	4급	( )	6	15
을	6급	16	5	14
병	5급	20	3	10

① 16시간 ② 17시간

③ 18시간 ④ 19시간

 세 직원의 수당을 표로 만들어 보면 다음과 같다.

직원	시간외 수당	야간 수당	휴일 수당	계
갑	?	200만 원×0.5/200×6 =30,000원	200만 원×0.5/200×15 =75,000원	
을	160만 원×1.5/200×16 =192,000원	160만 원×0.5/200×5 =20,000원	160만 원×0.5/200×14 =56,000원	268,000원
병	180만 원×1.5/200×20 =270,000원	180만 원×0.5/200×3 =13,500원	180만 원×0.5/200×10 =45,000원	328,500원

갑의 시간외 근무시간이 20시간이 되면 총 합계액이 100만 원을 넘게 되므로 가능한 최대 시간외 근무시간은 19시간이 되며, 이 경우 합계액은 986,500원이 된다.

17 다음은 R기관의 직원 승진 평가 자료 및 평가 기준에 관한 내용이다. 다음 자료를 참고할 때, 최종 승진자로 선정될 사람은 누구인가?

〈승진 대상자 평가 내역〉

	매출 실적(점)	대인관계(점)	제안 실적(점)
A직원	7 / 8	8 / 8	8 / 7
B직원	9 / 9	9 / 8	7 / 7
C직원	9 / 8	7 / 9	6 / 8
D직원	7 / 7	7 / 6	8 / 7
E직원	7 / 8	8 / 8	7 / 6
F직원	8 / 7	7 / 8	8 / 9

〈최종 승진자 평가 기준〉

• 각 항목 점수는 '선임자 부여 점수 / 팀장 부여 점수'이다.
• 최종 승진은 종합 점수 최고 득점자 2명으로 하며, 동점자 순위는 팀장의 평가 점수 합산이 높은 득점자를 우선으로 한다. 팀장의 평가 점수 합산이 동일할 경우, 팀장이 부여한 매출 실적→대인관계→제안 실적 점수 고득점자 순으로 우선순위를 결정한다.
• 평가 점수 산정 기준
  –각 항목별 선임자와 팀장의 점수 중, 고점 부여자의 점수를 반영한다.
  –매출 실적 점수 + 대인관계 점수 + 제안 실적 점수 = 최종 평가 점수

① C직원, F직원 ② B직원, F직원

③ B직원, D직원 ④ C직원, B직원

 각 항목별 부여된 2개의 점수 중 고점을 적용한다고 하였으므로 이를 계산해 보면 다음과 같다.
A직원: 8 + 8 + 8 = 24
B직원: 9 + 9 + 7 = 25
C직원: 9 + 9 + 8 = 26
D직원: 7 + 7 + 8 = 22
E직원: 8 + 8 + 7 = 23
F직원: 8 + 8 + 9 = 25
따라서 가장 점수가 높은 C직원은 승진이 되며, 다음으로 높은 B직원과 F직원 중 한 명이 추가로 승진자가 된다. 제시된 기준에 의하면 동점자일 경우, 팀장의 평가 점수 합산이 높은 직원이 승진자가 된다고 하였으나, B직원과 F직원은 팀장의 부여 점수가 9, 8, 7점과 7, 8, 9점으로 동일하다. 따라서 마지막 기준을 적용하면, 팀장이 부여한 매출 실적 점수에서 B직원이 더 높으므로 결국 최종 승진자는 C직원과 B직원이 됨을 알 수 있다.

Answer 16.④ 17.④

18 다음은 철수가 운영하는 회사에서 작성한 3월 지출내역이다. 여기에서 알 수 있는 판매비와 일반 관리비의 총 합계 금액으로 옳은 것은?

3월 지출내역

광고선전비	320,000원	직원들의 급여	3,600,000원
통신비	280,000원	접대비	1,100,000원
조세공과금	300,000원	대출이자	2,000,000원

① 5,600,000원

② 4,500,000원

③ 6,500,000원

④ 7,600,000원

 판매비와 일반관리비에는 광고선전비, 직원들의 급여, 통신비, 접대비, 조세공과금이 모두 포함되기 때문에 총 합계 금액은
320,000+3,600,000+280,000+1,100,000+300,000=5,600,000(원)이다.

19 어느 회사에서 영업부, 편집부, 홍보부, 전산부, 영상부, 사무부에 대한 직무조사 순서를 정할 때 다음과 같은 조건을 충족시켜야 한다면 순서로 가능한 것은?

- 편집부에 대한 조사는 전산부 또는 영상부 중 어느 한 부서에 대한 조사보다 먼저 시작되어야 한다.
- 사무부에 대한 조사는 홍보부나 전산부에 대한 조사보다 늦게 시작될 수는 있으나, 영상부에 대한 조사보다 나중에 시작될 수 없다.
- 영업부에 대한 조사는 아무리 늦어도 홍보부 또는 전산부 중 적어도 어느 한 부서에 대한 조사보다는 먼저 시작되어야 한다.

① 홍보부 – 편집부 – 사무부 – 영상부 – 전산부 – 영업부

② 영상부 – 홍보부 – 편집부 – 영업부 – 사무부 – 전산부

③ 전산부 – 영업부 – 편집부 – 영상부 – 사무부 – 홍보부

④ 편집부 – 홍보부 – 영업부 – 사무부 – 영상부 – 전산부

 ②③은 사무부가 영상부에 대한 조사보다 나중에 시작될 수 없다는 조건과 모순된다. ① 은 영업부에 대한 조사가 홍보부 또는 전산부 중 적어도 어느 한 부서에 대한 조사보다는 먼저 시작되어야 한다는 조건에 모순된다. 따라서 가능한 답은 ④이다.

20 다음은 신입직원인 동성과 성종이 기록한 일기의 한 부분이다. 이에 대한 설명으로 옳지 않은 것은?

동성의 일기

2016. 2. 5 금
 … 중국어 실력이 부족하여 하루 종일 중국어를 해석하는데 온 시간을 투자하였고 동료에게 무시를 당했다. 평소 중국어 공부를 소홀히 한 것이 후회스럽다.

2016. 2. 13 토
 … 주말이지만 중국어 학원을 등록하여 오늘부터 중국어 수업을 들었다. 회사 업무도 업무지만 중국어는 앞으로 언젠가는 필요할 것이니까 지금부터라도 차근차근 배워야겠다.

성종의 일기

2016. 2. 21 일
 오늘은 고등학교 동창들과 만든 테니스 모임이 있는 날이다. 여기서 친구들과 신나게 운동을 하면 지금까지 쌓였던 피로가 한 순간에 날아간다. 지난 한주의 스트레스를 오늘 여기서 다 날려 버리고 내일 다시 새로운 한주를 시작해야지.

2016. 2. 26 금
 업무가 끝난 후 오랜만에 대학 친구들과 회식을 하였다. 그 중에서 한 친구는 자신의 아들이 이번에 ○○대학병원 인턴으로 가게 됐는데 직접 환자를 수술하는 상황에 처하자 두려움이 생겨 의사를 선택한 것에 대해 후회를 하고 있다며 아들 걱정을 하였다. 그에 비하면 나는 비록 작은 회사에 다니지만 그래도 내 적성과 맞는 직업을 택해 매우 다행이라는 생각이 문득 들었다.

① 성종은 비공식조직의 순기능을 경험하고 있다.
② 동성은 재사회화 과정을 거치고 있다.
③ 성종은 적성과 직업의 불일치 상황에 놓여 있다.
④ 동성은 업무수행에 있어 비공식적 제재를 받았다.

 ③ 직업불일치 상황에 놓여 있는 것은 성종의 친구 아들이다.

Answer ⟶ 18.① 19.④ 20.③

21 다음 사례에 대한 분석으로 옳은 것은?

> 자택근무로 일하고 있는 지수는 컴퓨터로 그림 작업을 하고 있다. 수입은 시간당 7천 원이고 작업하는 시간에 따라 '피로도'라는 비용이 든다. 지수가 하루에 작업하는 시간과 그에 따른 수입(편익) 및 피로도(비용)의 정도를 각각 금액으로 환산하면 다음과 같다.
>
> (단위 : 원)
>
> | 시간 | 3 | 4 | 5 | 6 | 7 |
> |------|------|------|------|------|------|
> | 총 편익 | 21,000 | 28,000 | 35,000 | 42,000 | 49,000 |
> | 총 비용 | 11,000 | 15,000 | 22,000 | 28,000 | 36,000 |
>
> * 순편익＝총 편익－총 비용

① 지수는 하루에 6시간 일하는 것이 가장 합리적이다.

② 지수가 1시간 더 일할 때마다 추가로 발생하는 비용은 일정하다.

③ 지수는 자택근무로 하루에 최대로 얻을 수 있는 순편익이 15,000원이다.

④ 지수가 1시간 더 일할 때마다 추가로 발생하는 편익은 계속 증가한다.

 ② 1시간 더 일할 때마다 추가로 발생하는 비용은 일정하지 않다.
　　③ 지수가 자택근무로 하루에 최대로 얻을 수 있는 순편익은 14,000원이다.
　　④ 1시간 더 일할 때마다 추가로 발생하는 편익은 항상 일정하다.

22 물적 자원 활용의 방해요인 중 다음 사례에 해당되는 것끼리 바르게 묶인 것은?

> 건설회사에 다니는 박과장은 하나의 물건을 오랫동안 사용하지 못하고 수시로 바꾸는 것으로 동료들에게 유명하다. 며칠 전에도 사무실에서 작업공구를 사용하고 아무 곳에 놓았다가 잊어버려 새로 구입하였고 오늘은 며칠 전에 구입했던 핸드폰을 만지다 떨어뜨려 A/S센터에 수리를 맡기기도 했다. 박과장은 이렇게 물건을 사용하고 제자리에 두기만 하면 오랫동안 잃어버리지 않고 사용할 수 있는데도 평소 아무 생각 없이 물건을 방치하여 새로 구입한 적이 허다하고 조금만 조심해서 사용하면 굳이 비싼 돈을 들여 다시 수리를 맡기지 않아도 될 것을 함부로 다루다가 망가뜨려 수리를 맡긴 적이 한두 번이 아니다. 박과장은 이러한 일로 매달 월급의 3분의 1을 소비하며 매일 자기 자신의 행동에 대해 후회하고 있다.

① 구입하지 않은 경우, 훼손 및 파손된 경우
② 보관 장소를 파악하지 못한 경우, 훼손 및 파손된 경우
③ 구입하지 않은 경우, 분실한 경우
④ 보관 장소를 파악하지 못한 경우, 분실한 경우

 물적 자원 활용의 방해요인으로는 물품의 보관 장소를 파악하지 못한 경우, 물품이 훼손 및 파손된 경우, 물품을 분실한 경우로 나눌 수 있다. 해당 사례는 물품의 보관 장소를 파악하지 못한 경우와 물품이 훼손 및 파손된 경우에 속한다.

23 다음은 ☆☆ 기업의 직원별 과제 수행 결과에 대한 평가표이다. 가장 나쁜 평가를 받은 사람은 누구인가?

<직원별 과제 수행 결과 평가표>

성명	과제 수행 결과	점수
정은	정해진 기한 내에서 작업 완료	
석준	주어진 예산 한도 내에서 작업 완료	
환욱	계획보다 적은 인원을 투입하여 작업 완료	
영재	예상보다 더 많은 양의 부품을 사용하여 작업 완료	

① 정은

② 석준

③ 환욱

④ 영재

(Tip) 정해진 기한 내에 인적, 물적, 금전적 자원 한도 내에서 작업이 완료되는 경우 과제 수행 결과에 대한 평가가 좋게 이루어진다. 따라서 정은, 석준, 환욱은 좋은 평가를 받게 되고 영재는 예상보다 많은 양의 물적 자원을 사용하였으므로 가장 나쁜 평가를 받게 된다.

24 다음 사례에 나타난 자원 낭비 요인으로 옳지 않은 것은?

> 　진수는 평소 시간에 대해서 중요하게 생각한 적이 없다. '시간이란 누구에게나 무한하게 있는 것으로 사람들은 왜 그렇게 시간을 중요하게 생각하는지 모르겠다.' 이것이 진수의 생각이다. 따라서 그는 어떤 일이나 약속을 하더라도 그때그때 기분에 따라서 행동을 하지 결코 계획을 세워 행동한 적이 없고 그 결과 중요한 약속을 지키지 못하거나 일을 그르친 적이 한두 번이 아니었다. 그리고 약간의 노하우만 있으면 쉽고 빨리 할 수 있는 일들도 진수는 다른 사람들에 비해 어렵고 오랜 시간을 들여 행하는 편이다. 이러한 이유로 사람들은 점점 진수를 신뢰하지 못하게 되었고 진수의 인간관계는 멀어지게 되었다.

① 비계획적 행동
② 편리성 추구
③ 자원에 대한 인식 부재
④ 노하우 부족

 ① 「그는 어떤 일이나 약속을 하더라도 그때그때 기분에 따라서 행동을 하지 결코 계획을 세워 행동한 적이 없다.」→ 비계획적 행동
③ 「진수는 평소 시간에 대해서 중요하게 생각한 적이 없다. '시간이란 누구에게나 무한하게 있는 것으로 사람들은 왜 그렇게 시간을 중요하게 생각하는지 모르겠다.'」→ 자원에 대한 인식 부재
④ 「약간의 노하우만 있으면 쉽고 빨리 할 수 있는 일들도 진수는 다른 사람들에 비해 어렵고 오랜 시간을 들여 행하는 편이다.」→ 노하우 부족

Answer ➙ 23.④ 24.②

25 인사팀에 신입사원 민기씨는 회사에서 NCS채용 도입을 위한 정보를 얻기 위해 NCS기반 능력중심채용 설명회를 다녀오려고 한다. 민기씨는 오늘 오후 1시까지 김대리님께 보고서를 작성해서 드리고 30분 동안 피드백을 받기로 했다. 오전 중에 정리를 마치려면 시간이 빠듯할 것 같다. 다음에 제시된 설명회 자료와 교통편을 보고 민기씨가 생각한 것으로 틀린 것은?

> 최근 이슈가 되고 있는 공공기관의 NCS 기반 능력중심 채용에 관한 기업들의 궁금증 해소를 위하여 붙임과 같이 설명회를 개최하오니 많은 관심 부탁드립니다.
> 감사합니다.
>
> −붙임−
>
> | 설명회 장소 | 일시 | 비고 |
> |---|---|---|
> | 서울고용노동청(5층) 컨벤션홀 | 2015. 11. 13(금) 15:00~17:00 | 설명회의 원활한 진행을 위해 설명회 시작 15분 뒤부터는 입장을 제한합니다. |
>
> 오시는 길
> 지하철 : 2호선 을지로입구역 4번 출구(도보 10분 거리)
> 버스 : 149, 152번 ○○센터(도보 5분 거리)

> • 회사에서 버스정류장 및 지하철역까지 소요시간
>
> | 출발지 | 도착지 | 소요시간 | |
> |---|---|---|---|
> | 회사 | ×× 정류장 | 도보 | 30분 |
> | | | 택시 | 10분 |
> | | 지하철역 | 도보 | 20분 |
> | | | 택시 | 5분 |
>
> • 서울고용노동청 가는 길
>
> | 교통편 | 출발지 | 도착지 | 소요시간 |
> |---|---|---|---|
> | 지하철 | 잠실역 | 을지로입구역 | 1시간(환승포함) |
> | 버스 | ×× 정류장 | ○○센터 정류장 | 50분(정체 시 1시간 10분) |

① 택시를 타지 않아도 버스를 타고 가면 늦지 않게 설명회에 갈 수 있다.

② 어떤 방법으로 이동하더라도 설명회에 입장은 가능하다.

③ 택시를 타지 않아도 지하철을 타고 가면 늦지 않게 설명회에 갈 수 있다.

④ 정체가 되지 않는다면 버스를 타고 가는 것이 지하철보다 빠르게 갈 수 있다.

 ① 도보로 버스정류장까지 이동해서 버스를 타고 가게 되면 도보(30분), 버스(50분), 도보(5분)으로 1시간 25분이 걸리지만 버스가 정체될 수 있으므로 1시간 45분으로 계산하는 것이 바람직하다. 민기씨는 1시 30분에 출발할 수 있으므로 3시 15분에 도착하게 되고 입장은 할 수 있으나 늦는다.

※ 소요시간 계산

    ㉠ 도보-버스 : 도보(30분), 버스(50분), 도보(5분)이므로 총 1시간 25분(정체 시 1시간 45분) 걸린다.

    ㉡ 도보-지하철 : 도보(20분), 지하철(1시간), 도보(10분)이므로 총 1시간 30분 걸린다.

    ㉢ 택시-버스 : 택시(10분), 버스(50분), 도보(5분)이므로 총 1시간 5분(정체 시 1시간 25분) 걸린다.

    ㉣ 택시-지하철 : 택시(5분), 지하철(1시간), 도보(10분)이므로 총 1시간 15분 걸린다.

Answer 25.①

05 정보처리능력

1 정보화사회와 정보능력

(1) 정보와 정보화사회

① 자료 · 정보 · 지식

구분	특징
자료 (Data)	객관적 실제의 반영이며, 그것을 전달할 수 있도록 기호화한 것
정보 (Information)	자료를 특정한 목적과 문제해결에 도움이 되도록 가공한 것
지식 (Knowledge)	정보를 집적하고 체계화하여 장래의 일반적인 사항에 대비해 보편성을 갖도록 한 것

② 정보화사회 : 필요로 하는 정보가 사회의 중심이 되는 사회

(2) 업무수행과 정보능력

① 컴퓨터의 활용 분야
  - ㉠ 기업 경영 분야에서의 활용 : 판매, 회계, 재무, 인사 및 조직관리, 금융 업무 등
  - ㉡ 행정 분야에서의 활용 : 민원처리, 각종 행정 통계 등
  - ㉢ 산업 분야에서의 활용 : 공장 자동화, 산업용 로봇, 판매시점관리시스템(POS) 등
  - ㉣ 기타 분야에서의 활용 : 교육, 연구소, 출판, 가정, 도서관, 예술 분야 등

② 정보처리과정
  - ㉠ 정보 활용 절차 : 기획 → 수집 → 관리 → 활용
  - ㉡ 5W2H : 정보 활용의 전략적 기획
    - WHAT(무엇을?) : 정보의 입수대상을 명확히 한다.
    - WHERE(어디에서?) : 정보의 소스(정보원)를 파악한다.
    - WHEN(언제까지) : 정보의 요구(수집)시점을 고려한다.
    - WHY(왜?) : 정보의 필요목적을 염두에 둔다.
    - WHO(누가?) : 정보활동의 주체를 확정한다.
    - HOW(어떻게) : 정보의 수집방법을 검토한다.
    - HOW MUCH(얼마나?) : 정보수집의 비용성(효용성)을 중시한다.

예제 1

5W2H는 정보를 전략적으로 수집·활용할 때 주로 사용하는 방법이다. 5W2H에 대한 설명으로 옳지 않은 것은?

① WHAT : 정보의 수집방법을 검토한다.
② WHERE : 정보의 소스(정보원)를 파악한다.
③ WHEN : 정보의 요구(수집)시점을 고려한다.
④ HOW : 정보의 수집방법을 검토한다.

[출제의도]
방대한 정보들 중 꼭 필요한 정보와 수집 방법 등을 전략적으로 기획하고 정보수집이 이루어질 때 효과적인 정보 수집이 가능해진다. 5W2H는 이러한 전략적 정보 활용 기획의 방법으로 그 개념을 이해하고 있는지를 묻는 질문이다.
[해설]
5W2H의 'WHAT'은 정보의 입수대상을 명확히 하는 것이다. 정보의 수집방법을 검토하는 것은 HOW(어떻게)에 해당되는 내용이다.

답 ①

(3) 사이버공간에서 지켜야 할 예절

① 인터넷의 역기능
   ㉠ 불건전 정보의 유통
   ㉡ 개인 정보 유출
   ㉢ 사이버 성폭력
   ㉣ 사이버 언어폭력
   ㉤ 언어 훼손
   ㉥ 인터넷 중독
   ㉦ 불건전한 교제
   ㉧ 저작권 침해

② 네티켓(netiquette) : 네트워크(network) + 에티켓(etiquette)

(4) 정보의 유출에 따른 피해사례

① 개인정보의 종류

ㄱ 일반 정보 : 이름, 주민등록번호, 운전면허정보, 주소, 전화번호, 생년월일, 출생지, 본적지, 성별, 국적 등

ㄴ 가족 정보 : 가족의 이름, 직업, 생년월일, 주민등록번호, 출생지 등

ㄷ 교육 및 훈련 정보 : 최종학력, 성적, 기술자격증/전문면허증, 이수훈련 프로그램, 서클활동, 상벌사항, 성격/행태보고 등

ㄹ 병역 정보 : 군번 및 계급, 제대유형, 주특기, 근무부대 등

ㅁ 부동산 및 동산 정보 : 소유주택 및 토지, 자동차, 저축현황, 현금카드, 주식 및 채권, 수집품, 고가의 예술품 등

ㅂ 소득 정보 : 연봉, 소득의 원천, 소득세 지불 현황 등

ㅅ 기타 수익 정보 : 보험가입현황, 수익자, 회사의 판공비 등

ㅇ 신용 정보 : 대부상황, 저당, 신용카드, 담보설정 여부 등

ㅈ 고용 정보 : 고용주, 회사주소, 상관의 이름, 직무수행 평가 기록, 훈련기록, 상벌기록 등

ㅊ 법적 정보 : 전과기록, 구속기록, 이혼기록 등

ㅋ 의료 정보 : 가족병력기록, 과거 의료기록, 신체장애, 혈액형 등

ㅌ 조직 정보 : 노조가입, 정당가입, 클럽회원, 종교단체 활동 등

ㅍ 습관 및 취미 정보 : 흡연/음주량, 여가활동, 도박성향, 비디오 대여기록 등

② 개인정보 유출방지 방법

ㄱ 회원 가입 시 이용 약관을 읽는다.

ㄴ 이용 목적에 부합하는 정보를 요구하는지 확인한다.

ㄷ 비밀번호는 정기적으로 교체한다.

ㄹ 정체불명의 사이트는 멀리한다.

ㅁ 가입 해지 시 정보 파기 여부를 확인한다.

ㅂ 남들이 쉽게 유추할 수 있는 비밀번호는 자제한다.

2 정보능력을 구성하는 하위능력

(1) 컴퓨터활용능력

① 인터넷 서비스 활용
　⊙ 전자우편(E-mail) 서비스 : 정보 통신망을 이용하여 다른 사용자들과 편지나 여러 정보를 주고받는 통신 방법
　ⓒ 인터넷 디스크/웹 하드 : 웹 서버에 대용량의 저장 기능을 갖추고 사용자가 개인용 컴퓨터의 하드디스크와 같은 기능을 인터넷을 통하여 이용할 수 있게 하는 서비스
　ⓒ 메신저 : 인터넷에서 실시간으로 메시지와 데이터를 주고받을 수 있는 소프트웨어
　② 전자상거래 : 인터넷을 통해 상품을 사고팔거나 재화나 용역을 거래하는 사이버 비즈니스

② 정보검색 : 여러 곳에 분산되어 있는 수많은 정보 중에서 특정 목적에 적합한 정보만을 신속하고 정확하게 찾아내어 수집, 분류, 축적하는 과정
　⊙ 검색엔진의 유형
　　• 키워드 검색 방식 : 찾고자 하는 정보와 관련된 핵심적인 언어인 키워드를 직접 입력하여 이를 검색 엔진에 보내어 검색 엔진이 키워드와 관련된 정보를 찾는 방식
　　• 주제별 검색 방식 : 인터넷상에 존재하는 웹 문서들을 주제별, 계층별로 정리하여 데이터베이스를 구축한 후 이용하는 방식
　　• 통합형 검색방식 : 사용자가 입력하는 검색어들이 연계된 다른 검색 엔진에게 보내고 이를 통하여 얻어진 검색 결과를 사용자에게 보여주는 방식
　ⓒ 정보 검색 연산자

기호	연산자	검색조건
*, &	AND	두 단어가 모두 포함된 문서를 검색
|	OR	두 단어가 모두 포함되거나 두 단어 중에서 하나만 포함된 문서를 검색
-, !	NOT	'-' 기호나 '!' 기호 다음에 오는 단어는 포함하지 않는 문서를 검색
~, near	인접검색	앞/뒤의 단어가 가깝게 있는 문서를 검색

③ 소프트웨어의 활용
　⊙ 워드프로세서
　　• 특징 : 문서의 내용을 화면으로 확인하면서 쉽게 수정 가능, 문서 작성 후 인쇄 및 저장 가능, 글이나 그림의 입력 및 편집 가능
　　• 기능 : 입력기능, 표시기능, 저장기능, 편집기능, 인쇄기능 등

ⓛ 스프레드시트
- 특징 : 쉽게 계산 수행, 계산 결과를 차트로 표시, 문서를 작성하고 편집 가능
- 기능 : 계산, 수식, 차트, 저장, 편집, 인쇄기능 등

예제 2

귀하는 커피 전문점을 운영하고 있다. 아래와 같이 엑셀 워크시트로 4개 지점의 원두 구매 수량과 단가를 이용하여 금액을 산출하고 있다. 귀하가 다음 중 D3셀에서 사용하고 있는 함수식으로 옳은 것은? (단, 금액 = 수량 × 단가)

	A	B	C	D	E
1	지점	원두	수량(100g)	금액	
2	A	케냐	15	150000	
3	B	콜롬비아	25	175000	
4	C	케냐	30	300000	
5	D	브라질	35	210000	
6					
7		원두	100g당 단가		
8		케냐	10,000		
9		콜롬비아	7,000		
10		브라질	6,000		
11					

① =C3*VLOOKUP(B3, $B$8:$C$10, 1, 1)

② =B3*HLOOKUP(C3, $B$8:$C$10, 2, 0)

③ =C3*VLOOKUP(B3, $B$8:$C$10, 2, 0)

④ =C3*HLOOKUP($B$8:$C$10, 2, B3)

[출제의도]
본 문항은 엑셀 워크시트 함수의 활용도를 확인하는 문제이다.
[해설]
"VLOOKUP(B3,$B$8:$C$10, 2, 0)"의 함수를 해설해보면 B3의 값(콜롬비아)을 B8:C10에서 찾은 후 그 영역의 2번째 열(C열, 100g당 단가)에 있는 값을 나타내는 함수이다. 금액은 "수량 × 단가"으로 나타내므로 D3셀에 사용되는 함수식은 "=C3*VLOOKUP(B3, $B$8: $C$10, 2, 0)"이나.
※ HLOOKUP과 VLOOKUP
  ⊙ HLOOKUP : 배열의 첫 행에서 값을 검색하여, 지정한 행의 같은 열에서 데이터를 추출
  ⓛ VLOOKUP : 배열의 첫 열에서 값을 검색하여, 지정한 열의 같은 행에서 데이터를 추출

답 ③

ⓒ 프레젠테이션
- 특징 : 각종 정보를 사용자 또는 대상자에게 쉽게 전달
- 기능 : 저장, 편집, 인쇄, 슬라이드 쇼 기능 등
ⓔ 유틸리티 프로그램 : 파일 압축 유틸리티, 바이러스 백신 프로그램

④ 데이터베이스의 필요성
ⓐ 데이터의 중복을 줄인다.
ⓛ 데이터의 무결성을 높인다.
ⓒ 검색을 쉽게 해준다.
ⓔ 데이터의 안정성을 높인다.
ⓜ 개발기간을 단축한다.

(2) 정보처리능력

① **정보원**: 1차 자료는 원래의 연구성과가 기록된 자료이며, 2차 자료는 1차 자료를 효과적으로 찾아보기 위한 자료 또는 1차 자료에 포함되어 있는 정보를 압축·정리한 형태로 제공하는 자료이다.
   ㉠ 1차 자료 : 단행본, 학술지와 논문, 학술회의자료, 연구보고서, 학위논문, 특허정보, 표준 및 규격자료, 레터, 출판 전 배포자료, 신문, 잡지, 웹 정보자원 등
   ㉡ 2차 자료 : 사전, 백과사전, 편람, 연감, 서지데이터베이스 등

② **정보분석 및 가공**
   ㉠ 정보분석의 절차 : 분석과제의 발생 → 과제(요구)의 분석 → 조사항목의 선정 → 관련정보의 수집(기존자료 조사/신규자료 조사) → 수집정보의 분류 → 항목별 분석 → 종합·결론 → 활용·정리
   ㉡ 가공 : 서열화 및 구조화

③ **정보관리**
   ㉠ 목록을 이용한 정보관리
   ㉡ 색인을 이용한 정보관리
   ㉢ 분류를 이용한 정보관리

예제 3

인사팀에서 근무하는 J씨는 회사가 성장함에 따라 직원 수가 급증하기 시작하면서 직원들의 정보관리 방법을 모색하던 중 다음과 같은 A사의 직원 정보관리 방법을 보게 되었다. J씨는 A사가 하고 있는 이 방법을 회사에도 도입하고자 한다. 이 방법은 무엇인가?

> A사의 인사부서에 근무하는 H씨는 직원들의 개인정보를 관리하는 업무를 담당하고 있다. A사에서 근무하는 직원은 수천 명에 달하기 때문에 H씨는 주요 키워드나 주제어를 가지고 직원들의 정보를 구분하여 관리하여, 찾을 때도 쉽고 내용을 수정할 때도 이전보다 훨씬 간편할 수 있도록 했다.

① 목록을 활용한 정보관리
② 색인을 활용한 정보관리
③ 분류를 활용한 정보관리
④ 1:1 매칭을 활용한 정보관리

[출제의도]
본 문항은 정보관리 방법의 개념을 이해하고 있는가를 묻는 문제이다.
[해설]
주어진 자료의 A사에서 사용하는 정보관리는 주요 키워드나 주제어를 가지고 정보를 관리하는 방식인 색인을 활용한 정보관리이다. 디지털 파일에 색인을 저장할 경우 추가, 삭제, 변경 등이 쉽다는 점에서 정보관리에 효율적이다.

답 ②

1 다음 순서도에서 인쇄되는 S의 값은? (단, $[x]$는 x보다 크지 않은 최대의 정수이다)

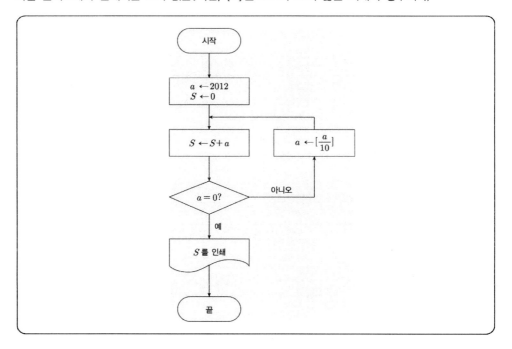

① 2230   ② 2235

③ 2240   ④ 2245

 a, S의 값의 변화과정을 표로 나타내면

a	S
2012	0
2012	$0+2012$
201	$0+2012+201$
20	$0+2012+201+20$
2	$0+2012+201+20+2$
0	$0+2012+201+20+2+0$

따라서 인쇄되는 S의 값은 $0+2012+201+20+2+0=2235$이다.

2 다음 순서도에서 인쇄되는 S의 값은?

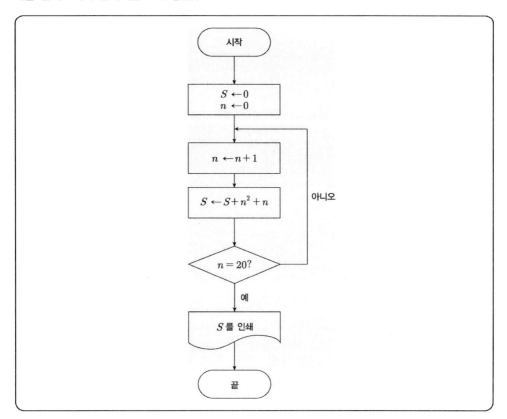

① 3050　　　　　　　　　　　　② 3060

③ 3070　　　　　　　　　　　　④ 3080

$$S = \left(1^2 + 2^2 + \cdots + 20^2\right) + \left(1 + 2 + \cdots + 20\right)$$

$$= \frac{20 \times 21 \times 41}{6} + \frac{20 \times 21}{2} = 3080$$

3 다음은 버블정렬에 관한 설명과 예시이다. 보기에 있는 수를 버블 정렬을 이용하여 오름차순으로 정렬하려고 한다. 1회전의 결과는?

버블정렬은 인접한 두 숫자의 크기를 비교하여 교환하는 방식으로 정렬한다. 이때 인접한 두 숫자는 수열의 맨 앞부터 뒤로 이동하며 비교된다. 맨 마지막 숫자까지 비교가 이루어져 가장 큰 수가 맨 뒷자리로 이동하게 되면 한 회전이 끝난다. 다음 회전에는 맨 뒷자리로 이동한 수를 제외하고 같은 방식으로 비교 및 교환이 이루어진다. 더 이상 교환할 숫자가 없을 때 정렬이 완료된다. 교환은 두 개의 숫자가 서로 자리를 맞바꾸는 것을 말한다.

〈예시〉

30, 15, 40, 10을 정렬하려고 한다.

• 1회전

(30, 15), 40, 10 : 30>15 이므로 교환

15, (30, 40), 10 : 40>30 이므로 교환이 이루어지지 않음

15, 30, (40, 10) : 40>10 이므로 교환

1회전의 결과 값 : 15, 30, 10, 40

• 2회전 (40은 비교대상에서 제외)

(15, 30), 10, 40 : 30>15 이므로 교환이 이루어지지 않음

15, (30, 10), 40 : 30>10 이므로 교환

2회전의 결과 값 : 15, 10, 30, 40

• 3회전 (30, 40은 비교대상에서 제외)

(15, 10), 30, 40 : 15>10이므로 교환

3회전 결과 값 : 10, 15, 30, 40 →교환 완료

〈보기〉

9, 6, 7, 3, 5

① 6, 3, 5, 7, 9   ② 3, 5, 6, 7, 9

③ 6, 7, 3, 5, 9   ④ 9, 6, 7, 3, 5

⊙ 1회전

9↔6		7	3	5
6	9↔7		3	5
6	7	9↔3		5
6	7	3	9↔5	
6	7	3	5	9

© 2회전

6	7↔3		5	9
6	3	7↔5		9
6	3	5	7	9

© 3회전

6↔3		5	7	9
3	6↔5		7	9
3	5	6	7	9

4 다음 워크시트에서 수식 '=LARGE(B2:B7,2)'의 결과 값은?

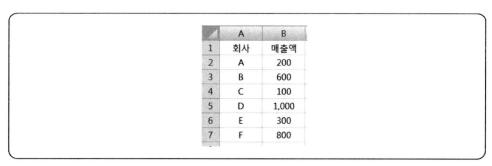

	A	B
1	회사	매출액
2	A	200
3	B	600
4	C	100
5	D	1,000
6	E	300
7	F	800

① 200   ② 300

③ 600   ④ 800

 '=LARGE(B2:B7,2)'는 범위 안에 있는 값들 중에서 2번째로 큰 값을 찾으라는 수식이므로 800이 답이다.

Answer↱ 3.③ 4.④

5 다음 중 아래 시트에서 수식 '=MOD(A3:A4)'의 값과 수식 '=MODE(A1:A9)'의 값으로 바르게 나열한 것은?

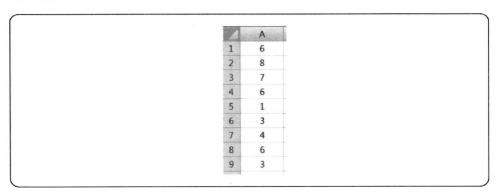

① 1, 3

② 1, 6

③ 1, 8

④ 2, 3

 MOD(숫자, 나눌 값) : 숫자를 나눌 값으로 나누어 나머지가 표시된다. 따라서 7를 6으로 나누면 나머지가 1이 된다.
MODE : 최빈값을 나타내는 함수이다. 위의 시트에서 6이 최빈값이다.

6 다음 중 아래시트에서 'C6'셀에 제시된 바와 같은 수식을 넣을 경우 나타나게 될 오류 메시지는 어느 것인가?

	A	B	C
1	직급	이름	수당(원)
2	과장	홍길동	750,000
3	대리	조길동	600,000
4	차장	이길동	830,000
5	사원	박길동	470,000
6	합계		=SUM(C2:C6)

① #NUM!

② #VALUE!

③ #DIV/0!

④ 순환 참조 경고

 수식에서 직접 또는 간접적으로 자체 셀을 참조하는 경우를 순환 참조라고 한다. 열려있는 통합 문서 중 하나에 순환 참조가 있으면 모든 통합 문서가 자동으로 계산되지 않는다. 이 경우 순환 참조를 제거하거나 이전의 반복 계산(특정 수치 조건에 맞을 때까지 워크시트에서 반복되는 계산) 결과를 사용하여 순환 참조와 관련된 각 셀이 계산되도록 할 수 있다.

7 다음 중 아래 시트에서 야근일수를 구하기 위해 [B9] 셀에 입력할 함수로 옳은 것은?

	A	B	C	D	E
1			**4월 야근 현황**		
2	날짜	도준영	전아롱	이진주	강석현
3	4월15일		V		V
4	4월16일	V		V	
5	4월17일	V	V	V	
6	4월18일		V	V	V
7	4월19일	V		V	
8	4월20일	V			
9	야근일수				
10					

① =COUNTBLANK(B3:B8) ② =COUNT(B3:B8)

③ =COUNTA(B3:B8) ④ =SUM(B3:B8)

 COUNTBLANK 함수는 비어있는 셀의 개수를 세어준다. COUNT 함수는 숫자가 입력된 셀의 개수를 세어주는 반면 COUNTA 함수는 숫자는 물론 문자가 입력된 셀의 개수를 세어준다. 즉, 비어있지 않은 셀의 개수를 세어주기 때문에 이 문제에서는 COUNTA 함수를 사용해야 한다.

8 주기억장치 관리기법 중 "Best Fit" 기법 사용 시 8K의 프로그램은 주기억장치 영역 중 어느 곳에 할당되는가?

영역1	9K
영역2	15K
영역3	10K
영역4	30K

① 영역1 ② 영역2

③ 영역3 ④ 영역4

 "Best fit"은 가장 낭비가 적은 부분에 할당하기 때문에 영역1에 할당한다.

Answer → 5.② 6.④ 7.③ 8.①

┃9~10┃ 다음은 A전자의 한 영업점에 오늘 입고된 30개의 전자제품의 코드 목록이다. 모든 제품은 A전자에서 생산된 제품이다. 다음의 코드 부여 방식을 참고하여 물음에 답하시오.

RE – 10 – CNB – 2A – 1501	TE – 34 – CNA – 2A – 1501	WA – 71 – CNA – 3A – 1501
RE – 10 – CNB – 2A – 1409	TE – 36 – KRB – 2B – 1512	WA – 71 – CNA – 3A – 1506
RE – 11 – CNB – 2C – 1503	TE – 36 – KRB – 2B – 1405	WA – 71 – CNA – 3A – 1503
RE – 16 – CNA – 1A – 1402	TE – 36 – KRB – 2B – 1502	CO – 81 – KRB – 1A – 1509
RE – 16 – CNA – 1A – 1406	TE – 36 – KRB – 2C – 1503	CO – 81 – KRB – 1A – 1412
RE – 16 – CNA – 1C – 1508	AI – 52 – CNA – 3C – 1509	CO – 83 – KRA – 1A – 1410
TE – 32 – CNB – 3B – 1506	AI – 52 – CNA – 3C – 1508	CO – 83 – KRA – 1B – 1407
TE – 32 – CNB – 3B – 1505	AI – 58 – CNB – 1A – 1412	CO – 83 – KRC – 1C – 1509
TE – 32 – CNB – 3C – 1412	AI – 58 – CNB – 1C – 1410	CO – 83 – KRC – 1C – 1510
TE – 34 – CNA – 2A – 1408	AI – 58 – CNB – 1C – 1412	CO – 83 – KRC – 1C – 1412

〈코드부여방식〉

[제품 종류] – [모델 번호] – [생산 국가/도시] – [공장과 라인] – [제조연월]

〈예시〉

WA – 16 – CNA – 2B – 1501

2015년 1월에 중국 후이저우 2공장 B라인에서 생산된 세탁기 16번 모델

제품 종류 코드	제품 종류	생산 국가/도시 코드	생산 국가/도시
RE	냉장고	KRA	한국/창원
TE	TV	KRB	한국/청주
AI	에어컨	KRC	한국/구미
WA	세탁기	CNA	중국/후이저우
CO	노트북	CNB	중국/옌타이

9 오늘 입고된 제품의 목록에 대한 설명으로 옳은 것은?

① 제품 종류와 모델 번호가 같은 제품은 모두 같은 도시에서 생산되었다.

② 15년에 생산된 제품보다 14년에 생산된 제품이 더 많다.

③ TV는 모두 중국에서 생산된다.

④ 노트북은 2개의 모델만 입고되었다.

 ① 노트북 83번 모델은 한국 창원공장과 구미공장 두 곳에서 생산되었다.
② 15년에 생산된 제품이 17개로 14년에 생산된 제품보다 4개 더 많다.
③ TV 36번 모델은 한국 청주공장에서 생산되었다.

10 중국 옌타이 제1공장의 C라인에서 생산된 제품들이 모두 부품결함으로 인한 불량품이었다. 영업점에서 반품해야 하는 제품은 총 몇 개인가?

① 1개   ② 2개

③ 3개   ④ 4개

 중국 옌타이 제1공장의 C라인은 제품 코드의 "CNB – 1C"으로 알 수 있다. 에어컨 58번 모델 두 개를 반품해야 한다.

Answer 9.④ 10.②

11 '트리의 차수(Degree of tree)'는 트리 내의 각 노드들의 차수 중 가장 큰 값을 말한다. 다음 그림에서 '트리의 차수'는?

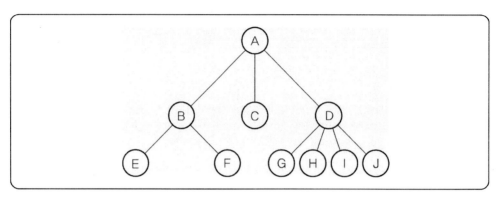

① 2   ② 3
③ 4   ④ 5

(Tip) '차수'는 한 노드에 대한 서브트리의 개수를 말하는데 이 그림에서는 노드 D의 차수가 4로 가장 크다. 따라서 '트리의 차수'는 4이다.

12 다음 워크시트에서 [A1:B2] 영역을 선택한 후 채우기 핸들을 사용하여 드래그 했을 때 [A6:B6] 영역 값으로 바르게 짝지은 것은?

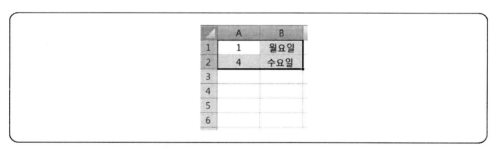

	A6	B6
①	15	목요일
②	16	목요일
③	15	수요일
④	16	수요일

숫자는 1, 4, 7, 10, 13, 16으로 채워지고 요일은 월, 수, 금, 일, 화, 목으로 채워지고 있다. 따라서 A6값은 16이고 B6값은 목요일이다.

13 다음 시트에서 수식 '＝COUNTIFS(B2:B12,B3,D2:D12,D2)'의 결과 값은?

	A	B	C	D
1	성명	소속	근무연수	직급
2	윤한성	영업팀	3	대리
3	김영수	편집팀	4	대리
4	이준석	전산팀	1	사원
5	강석현	총무팀	5	과장
6	이진수	편집팀	3	대리
7	이하나	편집팀	10	팀장
8	전아미	영상팀	5	과장
9	임세미	편집팀	1	사원
10	김강우	영업팀	7	팀장
11	이동진	영업팀	1	사원
12	김현수	편집팀	4	대리
13				

① 1 ② 2

③ 3 ④ 4

 COUNTIFS 함수는 복수의 조건을 만족하는 셀의 개수를 구하는 함수이다. COUNTIFS(조건범위1,조건1,조건범위2,조건2)로 입력한다. 따라서 설문에서는 편집팀 소속이면서 대리의 직급을 가지는 사람의 수를 구하는 것이므로 3이 답이다.

14 S회사에서 근무하고 있는 김대리는 최근 업무 때문에 HTML을 배우고 있다. 아직 초보라서 신입사원 H씨로부터 도움을 많이 받고 있지만, H씨가 자리를 비운 사이 김대리가 HTML에서 사용할 수 있는 tag를 써보았다. 잘못된 것은 무엇인가?

① 김대리는 줄을 바꾸기 위해 〈br〉를 사용하였다.

② 김대리는 글자의 크기, 모양, 색상을 설정하기 위해 〈font〉를 사용하였다.

③ 김대리는 표를 만들기 위해 〈table〉을 사용하였다.

④ 김대리는 이미지를 삽입하기 위해 〈form〉을 사용하였다.

  ④ HTML에서 이미지를 삽입하기 위해서는 〈img〉 태그를 사용한다.

15 왼쪽 워크시트의 성명 데이터를 오른쪽 워크시트처럼 성과 이름의 열로 분리하기 위해 어떤 기능을 사용하면 되는가?

	A	B
1	유하나	
2	김상철	
3	지상진	
4	공나리	
5	진백림	
6	박한선	
7	윤진상	
8		

	A	B
1	유	하나
2	김	상철
3	지	상진
4	공	나리
5	진	백림
6	박	한선
7	윤	진상
8		

① 텍스트 나누기   ② 조건부 서식

③ 그룹 해제   ④ 필터

  오른쪽 워크시트는 왼쪽 워크시트를 텍스트 나누기 기능을 통해 열구분선을 기준으로 하여 텍스트를 나눈 결과이다.

16 T회사에서 근무하고 있는 N씨는 엑셀을 이용하여 작업을 하고자 한다. 엑셀에서 바로가기 키에 대한 설명이 다음과 같을 때 괄호 안에 들어갈 내용으로 알맞은 것은?

> 통합 문서 내에서 (㉠) 키는 다음 워크시트로 이동하고 (㉡) 키는 이전 워크 시트로 이동한다.

	㉠	㉡
①	〈Ctrl〉+〈Page Down〉	〈Ctrl〉+〈Page Up〉
②	〈Shift〉+〈Page Down〉	〈Shift〉+〈Page Up〉
③	〈Tab〉+←	〈Tab〉+→
④	〈Alt〉+〈Shift〉+↑	〈Alt〉+〈Shift〉+↓

 엑셀 통합 문서 내에서 다음 워크시트로 이동하려면 〈Ctrl〉+〈Page Down〉을 눌러야 하며, 이전 워크시트로 이동하려면 〈Ctrl〉+〈Page Up〉을 눌러야 한다.

17 다음 중 'D10'셀에 들어갈 '셔츠' 판매금액의 평균을 계산하는 수식으로 적절한 것은?

	A	B	C	D
1	제품명	단가	수량	판매금액
2	셔츠	26,000	10	260,000
3	바지	32,000	15	480,000
4	셔츠	28,000	12	336,000
5	신발	52,000	20	1,040,000
6	신발	58,000	18	1,044,000
7	바지	35,000	20	700,000
8	셔츠	33,000	24	792,000
9				
10	셔츠 판매금액의 평균			

① =DCOUNT(A1:D8, D1, A1:A2)

② =DAVERAGE(A1:D8, D1, A1:A2)

③ =AVERAGE(A1:D8, D1, A1:A2)

④ =DAVERAGE(A1:D8, A1:A2, D1)

 DAVERAGE 함수는 범위에서 조건에 맞는 레코드 필드 열에 있는 값의 평균을 계산할 때 사용한다. 사용되는 수식은 '=DAVERAGE(범위, 열 번호, 조건)'이다.
따라서 '=DAVERAGE(A1:D8, D1, A1:A2)'와 같은 수식을 입력해야 한다.

Answer 14.④ 15.① 16.① 17.②

┃18~20┃ 다음은 시스템 모니터링 중에 나타난 화면이다. 다음 화면에 나타나는 정보를 이해하고 시스템 상태를 파악하여 적절한 input code를 고르시오.

〈시스템 화면〉

System is checking........

File system type A.

Correcting value type X.

Error value 018.

Error value 001.

Error value 007.

Error value 093.

Error value 078.

Correcting value 074.

Input code : _____

항목	세부사항
File system type	• type이 A인 경우 : error value 값들 중에서 가장 작은 값을 대푯값으로 선정 • type이 B인 경우 : 모든 error value 값을 곱하여 산출한 값을 대푯값으로 선정 ※ 대푯값은 File system에 따라 error value를 이용하여 산출하는 세 자리의 수치를 말한다.
Correcting value type	• type이 X인 경우 : 시스템 화면 아래에 있는 Correcting value의 $\frac{1}{2}$에 해당하는 값을 correcting value로 사용(소수점이 나오는 경우 소수점을 버린다.) • type이 Y인 경우 : 시스템 화면 아래에 있는 Correcting value의 세 배에 해당하는 값을 correcting value로 사용
Correcting value	대푯값과 대조를 통하여 시스템 상태를 판단

판단 기준	시스템 상태	input code
대푯값과 Correcting value가 같은 경우	안전	safe
Correcting value가 대푯값보다 큰 경우	경계	• 두 배 이상 차이나지 않는 경우 : alert • 두 배 이상 차이나는 경우 : vigilant
대푯값이 Correcting value보다 큰 경우	위험	danger

18

〈시스템 화면〉

System is checking........

File system type A.

Correcting value type Y.

Error value 123.

Error value 049.

Error value 037.

Error value 061.

Error value 538.

Correcting value 072.

Input code : _____

① safe ② alert
③ vigilant ④ danger

 File system type A에 의해서 대푯값은 37로 선정되며, Correcting value type Y에 의해서 Correcting value는 72×3=216을 사용한다. Correcting value값이 대푯값보다 크므로 시스템 상태는 경계 수준이며, 2배 이상 차이가 나므로 input code는 vigilant이다.

19

〈시스템 화면〉

System is checking........

File system type A.

Correcting value type X.

Error value 369.

Error value 291.

Error value 367.

Error value 456.

Error value 128.

Correcting value 256.

Input code : _____

① safe

② alert

③ vigilant

④ danger

 File system type A에 의해서 대푯값은 128로 선정되며, Correcting value type X에 의해서 Correcting value는 256÷2=128을 사용한다. 대푯값과 Correcting value가 같으므로 시스템 상태는 안전 수준이며, input code는 safe이다.

20

<시스템 화면>

System is checking........

File system type B.

Correcting value type X.

Error value 003.

Error value 008.

Error value 005.

Error value 002.

Error value 004.

Correcting value 999.

Input code : _____

① safe   ② alert

③ vigilant   ④ danger

 File system type B에 의해서 대푯값은 $3 \times 8 \times 5 \times 2 \times 4 = 960$으로 선정되며, Correcting value type X에 의해서 Correcting value는 $999 \div 2 = 499.5 ≒ 499$를 사용한다. 대푯값이 Correcting value보다 크므로 시스템 상태는 위험 수준이며 input code는 danger이다.

Answer 19.① 20.④

PART

III

인성검사

01 인성검사의 개요

1 인성(성격)검사의 개념과 목적

인성(성격)이란 개인을 특징짓는 평범하고 일상적인 사회적 이미지, 즉 지속적이고 일관된 공적 성격(Public – personality)이며, 환경에 대응함으로써 선천적·후천적 요소의 상호작용으로 결정화된 심리적·사회적 특성 및 경향을 의미한다.

인성검사는 직무적성검사를 실시하는 대부분의 기업체에서 병행하여 실시하고 있으며, 인성검사만 독자적으로 실시하는 기업도 있다.

기업체에서는 인성검사를 통하여 각 개인이 어떠한 성격 특성이 발달되어 있고, 어떤 특성이 얼마나 부족한지, 그것이 해당 직무의 특성 및 조직문화와 얼마나 맞는지를 알아보고 이에 적합한 인재를 선발하고자 한다. 또한 개인에게 적합한 직무 배분과 부족한 부분을 교육을 통해 보완하도록 할 수 있다.

인성검사의 측정요소는 검사방법에 따라 차이가 있다. 또한 각 기업체들이 사용하고 있는 인성검사는 기존에 개발된 인성검사방법에 각 기업체의 인재상을 적용하여 자신들에게 적합하게 재개발하여 사용하는 경우가 많다. 그러므로 기업체에서 요구하는 인재상을 파악하여 그에 따른 대비책을 준비하는 것이 바람직하다. 본서에서 제시된 인성검사는 크게 '특성'과 '유형'의 측면에서 측정하게 된다.

2 성격의 특성

(1) 정서적 측면

정서적 측면은 평소 마음의 당연시하는 자세나 정신상태가 얼마나 안정되어 있는지 또는 불안정한지를 측정한다.

정서의 상태는 직무수행이나 대인관계와 관련하여 태도나 행동으로 드러난다. 그러므로 정서적 측면을 측정하는 것에 의해, 장래 조직 내의 인간관계에 어느 정도 잘 적응할 수 있을까 (또는 적응하지 못할까)를 예측하는 것이 가능하다.

그렇기 때문에, 정서적 측면의 결과는 채용 시에 상당히 중시된다. 아무리 능력이 좋아도 장기적으로 조직 내의 인간관계에 잘 적응할 수 없다고 판단되는 인재는 기본적으로는 채용되지 않는다.

일반적으로 인성(성격)검사는 채용과는 관계없다고 생각하나 정서적으로 조직에 적응하지 못하는 인재는 채용단계에서 가려내지는 것을 유의하여야 한다.

① **민감성(신경도)** ⋯ 꼼꼼함, 섬세함, 성실함 등의 요소를 통해 일반적으로 신경질적인지 또는 자신의 존재를 위협받는다는 불안을 갖기 쉬운지를 측정한다.

질문	전혀 그렇지 않다	그렇지 않다	그렇다	매우 그렇다
• 배려적이라고 생각한다.				
• 어지러진 방에 있으면 불안하다.				
• 실패 후에는 불안하다.				
• 세세한 것까지 신경쓴다.				
• 이유 없이 불안할 때가 있다.				

▶측정결과

㉠ '그렇다'가 많은 경우(상처받기 쉬운 유형) : 사소한 일에 신경 쓰고 다른 사람의 사소한 한마디 말에 상처를 받기 쉽다.
  • 면접관의 심리 : '동료들과 잘 지낼 수 있을까?', '실패할 때마다 위축되지 않을까?'
  • 면접대책 : 다소 신경질적이라도 능력을 발휘할 수 있다는 평가를 얻도록 한다. 주변과 충분한 의사소통이 가능하고, 결정한 것을 실행할 수 있다는 것을 보여주어야 한다.

㉡ '그렇지 않다'가 많은 경우(정신적으로 안정적인 유형) : 사소한 일에 신경 쓰지 않고 금방 해결하며, 주위 사람의 말에 과민하게 반응하지 않는다.
  • 면접관의 심리 : '계약할 때 필요한 유형이고, 사고 발생에도 유연하게 대처할 수 있다.'
  • 면접대책 : 일반적으로 '민감성'의 측정치가 낮으면 플러스 평가를 받으므로 더욱 자신감 있는 모습을 보여준다.

② **자책성(과민도)** ··· 자신을 비난하거나 책망하는 정도를 측정한다.

질문	전혀 그렇지 않다	그렇지 않다	그렇다	매우 그렇다
• 후회하는 일이 많다. • 자신이 하찮은 존재라 생각된다. • 문제가 발생하면 자기의 탓이라고 생각한다. • 무슨 일이든지 끙끙대며 진행하는 경향이 있다. • 온순한 편이다.				

▶측정결과

㉠ '그렇다'가 많은 경우(자책하는 유형) : 비관적이고 후회하는 유형이다.
 • 면접관의 심리 : '끙끙대며 괴로워하고, 일을 진행하지 못할 것 같다.'
 • 면접대책 : 기분이 저조해도 항상 의욕을 가지고 생활하는 것과 책임감이 강하다는 것을 보여준다.
㉡ '그렇지 않다'가 많은 경우(낙천적인 유형) : 기분이 항상 밝은 편이다.
 • 면접관의 심리 : '안정된 대인관계를 맺을 수 있고, 외부의 압력에도 흔들리지 않는다.'
 • 면접대책 : 일반적으로 '자책성'의 측정치가 낮아야 좋은 평가를 받는다.

③ **기분성(불안도)** ··· 기분의 굴곡이나 감정적인 면의 미숙함이 어느 정도인지를 측정하는 것이다.

질문	전혀 그렇지 않다	그렇지 않다	그렇다	매우 그렇다
• 다른 사람의 의견에 자신의 결정이 흔들리는 경우가 많다. • 기분이 쉽게 변한다. • 종종 후회한다. • 다른 사람보다 의지가 약한 편이라고 생각한다. • 금방 싫증을 내는 성격이라는 말을 자주 듣는다.				

▶측정결과

㉠ '그렇다'가 많은 경우(감정의 기복이 많은 유형) : 의지력보다 기분에 따라 행동하기 쉽다.
 • 면접관의 심리 : '감정적인 것에 약하며, 상황에 따라 생산성이 떨어지지 않을까?'
 • 면접대책 : 주변 사람들과 항상 협조한다는 것을 강조하고 한결같은 상태로 일할 수 있다는 평가를 받도록 한다.
㉡ '그렇지 않다'가 많은 경우(감정의 기복이 적은 유형) : 감정의 기복이 없고, 안정적이다.
 • 면접관의 심리 : '안정적으로 업무에 임할 수 있다.'
 • 면접대책 : 기분성의 측정치가 낮으면 플러스 평가를 받으므로 자신감을 가지고 면접에 임한다.

④ 독자성(개인도) … 주변에 대한 견해나 관심, 자신의 견해나 생각에 어느 정도의 속박감을 가지고 있는지를 측정한다.

질문	전혀 그렇지 않다	그렇지 않다	그렇다	매우 그렇다
• 창의적 사고방식을 가지고 있다. • 융통성이 있는 편이다. • 혼자 있는 편이 많은 사람과 있는 것보다 편하다. • 개성적이라는 말을 듣는다. • 교제는 번거로운 것이라고 생각하는 경우가 많다.				

▶측정결과

㉠ '그렇다'가 많은 경우 : 자기의 관점을 중요하게 생각하는 유형으로, 주위의 상황보다 자신의 느낌과 생각을 중시한다.

• 면접관의 심리 : '제멋대로 행동하지 않을까?'
• 면접대책 : 주위 사람과 협조하여 일을 진행할 수 있다는 것과 상식에 얽매이지 않는다는 인상을 심어준다.

㉡ '그렇지 않다'가 많은 경우 : 상식적으로 행동하고 주변 사람의 시선에 신경을 쓴다.

• 면접관의 심리 : '다른 직원들과 협조하여 업무를 진행할 수 있겠다.'
• 면접대책 : 협조성이 요구되는 기업체에서는 플러스 평가를 받을 수 있다.

⑤ **자신감(자존심도)** … 자기 자신에 대해 얼마나 긍정적으로 평가하는지를 측정한다.

질문	전혀 그렇지 않다	그렇지 않다	그렇다	매우 그렇다
• 다른 사람보다 능력이 뛰어나다고 생각한다. • 다소 반대의견이 있어도 나만의 생각으로 행동할 수 있다. • 나는 다른 사람보다 기가 센 편이다. • 동료가 나를 모욕해도 무시할 수 있다. • 대개의 일을 목적한 대로 헤쳐나갈 수 있다고 생각한다.				

▶측정결과

㉠ **'그렇다'가 많은 경우** : 자기 능력이나 외모 등에 자신감이 있고, 비판당하는 것을 좋아하지 않는다.
- **면접관의 심리** : '자만하여 지시에 잘 따를 수 있을까?'
- **면접대책** : 다른 사람의 조언을 잘 받아들이고, 겸허하게 반성하는 면이 있다는 것을 보여주고, 동료들과 잘 지내며 리더의 자질이 있다는 것을 강조한다.

㉡ **'그렇지 않다'가 많은 경우** : 자신감이 없고 다른 사람의 비판에 약하다.
- **면접관의 심리** : '패기가 부족하지 않을까?', '쉽게 좌절하지 않을까?'
- **면접대책** : 극도의 자신감 부족으로 평가되지는 않는다. 그러나 마음이 약한 면은 있지만 의욕적으로 일을 하겠다는 마음가짐을 보여준다.

⑥ **고양성(분위기에 들뜨는 정도)** … 자유분방함, 명랑함과 같이 감정(기분)의 높고 낮음의 정도를 측정한다.

질문	전혀 그렇지 않다	그렇지 않다	그렇다	매우 그렇다
• 침착하지 못한 편이다. • 다른 사람보다 쉽게 우쭐해진다. • 모든 사람이 아는 유명인사가 되고 싶다. • 모임이나 집단에서 분위기를 이끄는 편이다. • 취미 등이 오랫동안 지속되지 않는 편이다.				

▶측정결과

㉠ '그렇다'가 많은 경우 : 자극이나 변화가 있는 일상을 원하고 기분을 들뜨게 하는 사람과 친밀하게 지내는 경향이 강하다.
- 면접관의 심리 : '일을 진행하는 데 변덕스럽지 않을까?'
- 면접대책 : 밝은 태도는 플러스 평가를 받을 수 있지만, 착실한 업무능력이 요구되는 직종에서는 마이너스 평가가 될 수 있다. 따라서 자기조절이 가능하다는 것을 보여준다.

㉡ '그렇지 않다'가 많은 경우 : 감정이 항상 일정하고, 속을 드러내 보이지 않는다.
- 면접관의 심리 : '안정적인 업무 태도를 기대할 수 있겠다.'
- 면접대책 : '고양성'의 낮음은 대체로 플러스 평가를 받을 수 있다. 그러나 '무엇을 생각하고 있는지 모르겠다' 등의 평을 듣지 않도록 주의한다.

⑦ 허위성(진위성) … 필요 이상으로 자기를 좋게 보이려 하거나 기업체가 원하는 '이상형'에 맞춘 대답을 하고 있는지, 없는지를 측정한다.

질문	전혀 그렇지 않다	그렇지 않다	그렇다	매우 그렇다
• 약속을 깨뜨린 적이 한 번도 없다. • 다른 사람을 부럽다고 생각해 본 적이 없다. • 꾸지람을 들은 적이 없다. • 사람을 미워한 적이 없다. • 화를 낸 적이 한 번도 없다.				

▶측정결과

㉠ '그렇다'가 많은 경우 : 실제의 자기와는 다른, 말하자면 원칙으로 해답할 가능성이 있다.
- 면접관의 심리 : '거짓을 말하고 있다.'
- 면접대책 : 조금이라도 좋게 보이려고 하는 '거짓말쟁이'로 평가될 수 있다. '거짓을 말하고 있다.'는 마음 따위가 전혀 없다 해도 결과적으로는 정직하게 답하지 않는다는 것이 되어 버린다. '허위성'의 측정 질문은 구분되지 않고 다른 질문 중에 섞여 있다. 그러므로 모든 질문에 솔직하게 답하여야 한다. 또한 자기 자신과 너무 동떨어진 이미지로 답하면 좋은 결과를 얻지 못한다. 그리고 면접에서 '허위성'을 기본으로 한 질문을 받게 되므로 당황하거나 또다른 모순된 답변을 하게 된다. 겉치레를 하거나 무리한 욕심을 부리지 말고 '이런 사회인이 되고 싶다.'는 현재의 자신보다, 조금 성장한 자신을 표현하는 정도가 적당하다.

㉡ '그렇지 않다'가 많은 경우 : 냉정하고 정직하며, 외부의 압력과 스트레스에 강한 유형이다. '대쪽 같음'의 이미지가 굳어지지 않도록 주의한다.

(2) 행동적인 측면

행동적 측면은 인격 중에 특히 행동으로 드러나기 쉬운 측면을 측정한다. 사람의 행동 특징 자체에는 선도 악도 없으나, 일반적으로는 일의 내용에 의해 원하는 행동이 있다. 때문에 행동적 측면은 주로 직종과 깊은 관계가 있는데 자신의 행동 특성을 살려 적합한 직종을 선택한다면 플러스가 될 수 있다.

행동 특성에서 보여 지는 특징은 면접장면에서도 드러나기 쉬운데 본서의 모의 TEST의 결과를 참고하여 자신의 태도, 행동이 면접관의 시선에 어떻게 비치는지를 점검하도록 한다.

① 사회적 내향성 … 대인관계에서 나타나는 행동경향으로 '낯가림'을 측정한다.

질문	선택
A : 파티에서는 사람을 소개받은 편이다. B : 파티에서는 사람을 소개하는 편이다.	
A : 처음 보는 사람과는 어색하게 시간을 보내는 편이다. B : 처음 보는 사람과는 즐거운 시간을 보내는 편이다.	
A : 친구가 적은 편이다. B : 친구가 많은 편이다.	
A : 자신의 의견을 말하는 경우가 적다. B : 자신의 의견을 말하는 경우가 많다.	
A : 사교적인 모임에 참석하는 것을 좋아하지 않는다. B : 사교적인 모임에 항상 참석한다.	

▶측정결과

㉠ 'A'가 많은 경우 : 내성적이고 사람들과 접하는 것에 소극적이다. 자신의 의견을 말하지 않고 조심스러운 편이다.
 • 면접관의 심리 : '소극적인데 동료와 잘 지낼 수 있을까?'
 • 면접대책 : 대인관계를 맺는 것을 싫어하지 않고 의욕적으로 일을 할 수 있다는 것을 보여준다.

㉡ 'B'가 많은 경우 : 사교적이고 자기의 생각을 명확하게 전달할 수 있다.
 • 면접관의 심리 : '사교적이고 활동적인 것은 좋지만, 자기주장이 너무 강하지 않을까?'
 • 면접대책 : 협조성을 보여주고, 자기주장이 너무 강하다는 인상을 주지 않도록 주의한다.

② 내성성(침착도) … 자신의 행동과 일에 대해 침착하게 생각하는 정도를 측정한다.

질문	선택
A : 시간이 걸려도 침착하게 생각하는 경우가 많다. B : 짧은 시간에 결정을 하는 경우가 많다.	
A : 실패의 원인을 찾고 반성하는 편이다. B : 실패를 해도 그다지(별로) 개의치 않는다.	
A : 결론이 도출되어도 몇 번 정도 생각을 바꾼다. B : 결론이 도출되면 신속하게 행동으로 옮긴다.	
A : 여러 가지 생각하는 것이 능숙하다. B : 여러 가지 일을 재빨리 능숙하게 처리하는 데 익숙하다.	
A : 여러 가지 측면에서 사물을 검토한다. B : 행동한 후 생각을 한다.	

▶측정결과

㉠ 'A'가 많은 경우 : 행동하기 보다는 생각하는 것을 좋아하고 신중하게 계획을 세워 실행한다.
　•면접관의 심리 : '행동으로 실천하지 못하고, 대응이 늦은 경향이 있지 않을까?'
　•면접대책 : 발로 뛰는 것을 좋아하고, 일을 더디게 한다는 인상을 주지 않도록 한다.
㉡ 'B'가 많은 경우 : 차분하게 생각하는 것보다 우선 행동하는 유형이다.
　•면접관의 심리 : '생각하는 것을 싫어하고 경솔한 행동을 하지 않을까?'
　•면접대책 : 계획을 세우고 행동할 수 있는 것을 보여주고 '사려깊다'라는 인상을 남기도록 한다.

③ **신체활동성** … 몸을 움직이는 것을 좋아하는가를 측정한다.

질문	선택
A : 민첩하게 활동하는 편이다. B : 준비행동이 없는 편이다.	
A : 일을 척척 해치우는 편이다. B : 일을 더디게 처리하는 편이다.	
A : 활발하다는 말을 듣는다. B : 얌전하다는 말을 듣는다.	
A : 몸을 움직이는 것을 좋아한다. B : 가만히 있는 것을 좋아한다.	
A : 스포츠를 하는 것을 즐긴다. B : 스포츠를 보는 것을 좋아한다.	

▶측정결과

㉠ 'A'가 많은 경우 : 활동적이고, 몸을 움직이게 하는 것이 컨디션이 좋다.
  • 면접관의 심리 : '활동적으로 활동력이 좋아 보인다.'
  • 면접대책 : 활동하고 얻은 성과 등과 주어진 상황의 대응능력을 보여준다.
㉡ 'B'가 많은 경우 : 침착한 인상으로, 차분하게 있는 타입이다.
  • 면접관의 심리 : '좀처럼 행동하려 하지 않아 보이고, 일을 빠르게 처리할 수 있을까?'

④ **지속성(노력성)** … 무슨 일이든 포기하지 않고 끈기 있게 하려는 정도를 측정한다.

질문	선택
A : 일단 시작한 일은 시간이 걸려도 끝까지 마무리한다. B : 일을 하다 어려움에 부딪히면 단념한다.	
A : 끈질긴 편이다. B : 바로 단념하는 편이다.	
A : 인내가 강하다는 말을 듣는다. B : 금방 싫증을 낸다는 말을 듣는다.	
A : 집념이 깊은 편이다. B : 담백한 편이다.	
A : 한 가지 일에 구애되는 것이 좋다고 생각한다. B : 간단하게 체념하는 것이 좋다고 생각한다.	

▶측정결과

㉠ 'A'가 많은 경우 : 시작한 것은 어려움이 있어도 포기하지 않고 인내심이 높다.
- 면접관의 심리 : '한 가지의 일에 너무 구애되고, 업무의 진행이 원활할까?'
- 면접대책 : 인내력이 있는 것은 플러스 평가를 받을 수 있지만 집착이 강해 보이기도 한다.

㉡ 'B'가 많은 경우 : 뒤끝이 없고 조그만 실패로 일을 포기하기 쉽다.
- 면접관의 심리 : '질리는 경향이 있고, 일을 정확히 끝낼 수 있을까?'
- 면접대책 : 지속적인 노력으로 성공했던 사례를 준비하도록 한다.

⑤ 신중성(주의성) … 자신이 처한 주변상황을 즉시 파악하고 자신의 행동이 어떤 영향을 미치는지를 측정한다.

질문	선택
A : 여러 가지로 생각하면서 완벽하게 준비하는 편이다. B : 행동할 때부터 임기응변적인 대응을 하는 편이다.	
A : 신중해서 타이밍을 놓치는 편이다. B : 준비 부족으로 실패하는 편이다.	
A : 자신은 어떤 일에도 신중히 대응하는 편이다. B : 순간적인 충동으로 활동하는 편이다.	
A : 시험을 볼 때 끝날 때까지 재검토하는 편이다. B : 시험을 볼 때 한 번에 모든 것을 마치는 편이다.	
A : 일에 대해 계획표를 만들어 실행한다. B : 일에 대한 계획표 없이 진행한다.	

▶측정결과

㉠ 'A'가 많은 경우 : 주변 상황에 민감하고, 예측하여 계획 있게 일을 진행한다.
- 면접관의 심리 : '너무 신중해서 적절한 판단을 할 수 있을까?', '앞으로의 상황에 불안을 느끼지 않을까?'
- 면접대책 : 예측을 하고 실행을 하는 것은 플러스 평가가 되지만, 너무 신중하면 일의 진행이 정체될 가능성을 보이므로 추진력이 있다는 강한 의욕을 보여준다.

㉡ 'B'가 많은 경우 : 주변 상황을 살펴보지 않고 착실한 계획 없이 일을 진행시킨다.
- 면접관의 심리 : '사려 깊지 않고, 실패하는 일이 많지 않을까?', '판단이 빠르고 유연한 사고를 할 수 있을까?'
- 면접대책 : 사전준비를 중요하게 생각하고 있다는 것 등을 보여주고, 경솔한 인상을 주지 않도록 한다. 또한 판단력이 빠르거나 유연한 사고 덕분에 일 처리를 잘 할 수 있다는 것을 강조한다.

(3) 의욕적인 측면

의욕적인 측면은 의욕의 정도, 활동력의 유무 등을 측정한다. 여기서의 의욕이란 우리들이 보통 말하고 사용하는 '하려는 의지'와는 조금 뉘앙스가 다르다. '하려는 의지'란 그 때의 환경이나 기분에 따라 변화하는 것이지만, 여기에서는 조금 더 변화하기 어려운 특징, 말하자면 정신적 에너지의 양으로 측정하는 것이다.

의욕적 측면은 행동적 측면과는 다르고, 전반적으로 어느 정도 점수가 높은 쪽을 선호한다. 모의검사의 의욕적 측면의 결과가 낮다면, 평소 일에 몰두할 때 조금 의욕 있는 자세를 가지고 서서히 개선하도록 노력해야 한다.

① 달성의욕 … 목적의식과 높은 이상을 가지고 있는지를 측정한다.

질문	선택
A : 경쟁심이 강한 편이다. B : 경쟁심이 약한 편이다.	
A : 어떤 한 분야에서 제1인자가 되고 싶다고 생각한다. B : 어느 분야에서든 성실하게 임무를 진행하고 싶다고 생각한다.	
A : 규모가 큰 일을 해보고 싶다. B : 맡은 일에 충실히 임하고 싶다.	
A : 아무리 노력해도 실패한 것은 아무런 도움이 되지 않는다. B : 가령 실패했을 지라도 나름대로의 노력이 있었으므로 괜찮다.	
A : 높은 목표를 설정하여 수행하는 것이 의욕적이다. B : 실현 가능한 정도의 목표를 설정하는 것이 의욕적이다.	

▶측정결과
㉠ 'A'가 많은 경우 : 큰 목표와 높은 이상을 가지고 승부욕이 강한 편이다.
• 면접관의 심리 : '열심히 일을 해줄 것 같은 유형이다.'
• 면접대책 : 달성의욕이 높다는 것은 어떤 직종이라도 플러스 평가가 된다.
㉡ 'B'가 많은 경우 : 현재의 생활을 소중하게 여기고 비약적인 발전을 위하여 기를 쓰지 않는다.
• 면접관의 심리 : '외부의 압력에 약하고, 기획입안 등을 하기 어려울 것이다.'
• 면접대책 : 일을 통하여 하고 싶은 것들을 구체적으로 어필한다.

② **활동의욕** … 자신에게 잠재된 에너지의 크기로, 정신적인 측면의 활동력이라 할 수 있다.

질문	선택
A : 하고 싶은 일을 실행으로 옮기는 편이다. B : 하고 싶은 일을 좀처럼 실행할 수 없는 편이다.	
A : 어려운 문제를 해결해 가는 것이 좋다. B : 어려운 문제를 해결하는 것을 잘하지 못한다.	
A : 일반적으로 결단이 빠른 편이다. B : 일반적으로 결단이 느린 편이다.	
A : 곤란한 상황에도 도전하는 편이다. B : 사물의 본질을 깊게 관찰하는 편이다.	
A : 시원시원하다는 말을 잘 듣는다. B : 꼼꼼하다는 말을 잘 듣는다.	

▶측정결과

㉠ 'A'가 많은 경우 : 꾸물거리는 것을 싫어하고 재빠르게 결단해서 행동하는 타입이다.
 • 면접관의 심리 : '일을 처리하는 솜씨가 좋고, 일을 척척 진행할 수 있을 것 같다.'
 • 면접대책 : 활동의욕이 높은 것은 플러스 평가가 된다. 사교성이나 활동성이 강하다는 인상을 준다.
㉡ 'B'가 많은 경우 : 안전하고 확실한 방법을 모색하고 차분하게 시간을 아껴서 일에 임하는 타입이다.
 • 면접관의 심리 : '재빨리 행동을 못하고, 일의 처리속도가 느린 것이 아닐까?'
 • 면접대책 : 활동성이 있는 것을 좋아하고 움직임이 더디다는 인상을 주지 않도록 한다.

3 성격의 유형

(1) 인성검사유형의 4가지 척도

정서적인 측면, 행동적인 측면, 의욕적인 측면의 요소들은 성격 특성이라는 관점에서 제시된 것들로 각 개인의 장·단점을 파악하는 데 유용하다. 그러나 전체적인 개인의 인성을 이해하는 데는 한계가 있다.

성격의 유형은 개인의 '성격적인 특색'을 가리키는 것으로, 사회인으로서 적합한지, 아닌지를 말하는 관점과는 관계가 없다. 따라서 채용의 합격 여부에는 사용되지 않는 경우가 많으며, 입사 후의 적정 부서 배치의 자료가 되는 편이라 생각하면 된다. 그러나 채용과 관계가 없다고 해서 아무런 준비도 필요없는 것은 아니다. 자신을 아는 것은 면접 대책의 밑거름이 되므로 모의검사 결과를 충분히 활용하도록 하여야 한다.

본서에서는 4개의 척도를 사용하여 기본적으로 16개의 패턴으로 성격의 유형을 분류하고 있다. 각 개인의 성격이 어떤 유형인지 재빨리 파악하기 위해 사용되며, '적성'에 맞는지, 맞지 않는지의 관점에 활용된다.

- 흥미·관심의 방향 : 내향형 ←——→ 외향형
- 사물에 대한 견해 : 직관형 ←——→ 감각형
- 판단하는 방법 : 감정형 ←——→ 사고형
- 환경에 대한 접근방법 : 지각형 ←——→ 판단형

(2) 성격유형

① 흥미·관심의 방향(내향⇆외향) … 흥미·관심의 방향이 자신의 내면에 있는지, 주위환경 등 외면에 향하는 지를 가리키는 척도이다.

질문	선택
A : 내성적인 성격인 편이다. B : 개방적인 성격인 편이다.	
A : 항상 신중하게 생각을 하는 편이다. B : 바로 행동에 착수하는 편이다.	
A : 수수하고 조심스러운 편이다. B : 자기 표현력이 강한 편이다.	
A : 다른 사람과 함께 있으면 침착하지 않다. B : 혼자서 있으면 침착하지 않다.	

▶측정결과
㉠ 'A'가 많은 경우(내향) : 관심의 방향이 자기 내면에 있으며, 조용하고 낯을 가리는 유형이다. 행동력은 부족하나 집중력이 뛰어나고 신중하고 꼼꼼하다.
㉡ 'B'가 많은 경우(외향) : 관심의 방향이 외부환경에 있으며, 사교적이고 활동적인 유형이다. 꼼꼼함이 부족하여 대충하는 경향이 있으나 행동력이 있다.

② 일(사물)을 보는 방법(직감⇔감각) … 일(사물)을 보는 법이 직감적으로 형식에 얽매이는지, 감각적으로 상식적인지를 가리키는 척도이다.

질문	선택
A : 현실주의적인 편이다. B : 상상력이 풍부한 편이다.	
A : 정형적인 방법으로 일을 처리하는 것을 좋아한다. B : 만들어진 방법에 변화가 있는 것을 좋아한다.	
A : 경험에서 가장 적합한 방법으로 선택한다. B : 지금까지 없었던 새로운 방법을 개척하는 것을 좋아한다.	
A : 성실하다는 말을 듣는다. B : 호기심이 강하다는 말을 듣는다.	

▶측정결과
㉠ 'A'가 많은 경우(감각) : 현실적이고 경험주의적이며 보수적인 유형이다.
㉡ 'B'가 많은 경우(직관) : 새로운 주제를 좋아하며, 독자적인 시각을 가진 유형이다.

③ 판단하는 방법(감정⇔사고) … 일을 감정적으로 판단하는지, 논리적으로 판단하는지를 가리키는 척도이다.

질문	선택
A : 인간관계를 중시하는 편이다. B : 일의 내용을 중시하는 편이다.	
A : 결론을 자기의 신념과 감정에서 이끌어내는 편이다. B : 결론을 논리적 사고에 의거하여 내리는 편이다.	
A : 다른 사람보다 동정적이고 눈물이 많은 편이다. B : 다른 사람보다 이성적이고 냉정하게 대응하는 편이다.	
A : 남의 이야기를 듣고 감정몰입이 빠른 편이다. B : 고민 상담을 받으면 해결책을 제시해주는 편이다.	

▶측정결과
㉠ 'A'가 많은 경우(감정) : 일을 판단할 때 마음·감정을 중요하게 여기는 유형이다. 감정이 풍부하고 친절하나 엄격함이 부족하고 우유부단하며, 합리성이 부족하다.
㉡ 'B'가 많은 경우(사고) : 일을 판단할 때 논리성을 중요하게 여기는 유형이다. 이성적이고 합리적이나 타인에 대한 배려가 부족하다.

④ 환경에 대한 접근방법 … 주변상황에 어떻게 접근하는지, 그 판단기준을 어디에 두는지를 측정한다.

질문	선택
A : 사전에 계획을 세우지 않고 행동한다. B : 반드시 계획을 세우고 그것에 의거해서 행동한다.	
A : 자유롭게 행동하는 것을 좋아한다. B : 조직적으로 행동하는 것을 좋아한다.	
A : 조직성이나 관습에 속박당하지 않는다. B : 조직성이나 관습을 중요하게 여긴다.	
A : 계획 없이 낭비가 심한 편이다. B : 예산을 세워 물건을 구입하는 편이다.	

▶측정결과

㉠ 'A'가 많은 경우(지각) : 일의 변화에 융통성을 가지고 유연하게 대응하는 유형이다. 낙관적이며 질서보다는 자유를 좋아하나 임기응변식의 대응으로 무계획적인 인상을 줄 수 있다.

㉡ 'B'가 많은 경우(판단) : 일의 진행시 계획을 세워서 실행하는 유형이다. 순차적으로 진행하는 일을 좋아하고 끈기가 있으나 변화에 대해 적절하게 대응하지 못하는 경향이 있다.

4 인성검사의 대책

(1) 미리 알아두어야 할 점

① 출제 문항 수 … 인성검사의 출제 문항 수는 특별히 정해진 것이 아니며 각 기업체의 기준에 따라 달라질 수 있다. 보통 100문항 이상에서 500문항까지 출제된다고 예상하면 된다.

② 출제형식

　　㉠ 1Set로 묶인 세 개의 문항 중 자신에게 가장 가까운 것(Most)과 가장 먼 것(Least)을 하나씩 고르는 유형

다음 세 가지 문항 중 자신에게 가장 가까운 것은 Most, 가장 먼 것은 Least에 체크하시오.

질문	Most	Least
① 자신의 생각이나 의견은 좀처럼 변하지 않는다.	✔	
② 구입한 후 끝까지 읽지 않은 책이 많다.		✔
③ 여행가기 전에 계획을 세운다.		

　　㉡ '예' 아니면 '아니오'의 유형

다음 문항을 읽고 자신에게 해당되는지 안 되는지를 판단하여 해당될 경우 '예'를, 해당되지 않을 경우 '아니오'를 고르시오.

질문	예	아니오
① 걱정거리가 있어서 잠을 못 잘 때가 있다.	✔	
② 시간에 쫓기는 것이 싫다.		✔

　　㉢ 그 외의 유형

다음 문항에 대해서 평소에 자신이 생각하고 있는 것이나 행동하고 있는 것에 체크하시오.

질문	전혀 그렇지 않다	그렇지 않다	그렇다	매우 그렇다
① 머리를 쓰는 것보다 땀을 흘리는 일이 좋다.			✔	
② 자신은 사교적이 아니라고 생각한다.	✔			

(2) 임하는 자세

① **솔직하게 있는 그대로 표현한다** … 인성검사는 평범한 일상생활 내용들을 다룬 짧은 문장과 어떤 대상이나 일에 대한 선로를 선택하는 문장으로 구성되었으므로 평소에 자신이 생각한 바를 너무 곰곰히 생각하지 말고 문제를 보는 순간 떠오른 것을 표현한다.

② **모든 문제를 신속하게 대답한다** … 인성검사는 시간 제한이 없는 것이 원칙이지만 기업체들은 일정한 시간 제한을 두고 있다. 인성검사는 개인의 성격과 자질을 알아보기 위한 검사이기 때문에 정답이 없다. 다만, 기업체에서 바람직하게 생각하거나 기대되는 결과가 있을 뿐이다. 따라서 시간에 쫓겨서 대충 대답을 하는 것은 바람직하지 못하다.

③ **일관성 있게 대답한다** … 간혹 반복되는 문제들이 출제되기 때문에 일관성 있게 답하지 않으면 감점될 수 있으므로 유의한다. 실제로 공기업 인사부 직원의 인터뷰에 따르면 일관성이 없게 대답한 응시자들이 감점을 받아 탈락했다고 한다. 거짓된 응답을 하다보면 일관성 없는 결과가 나타날 수 있으므로, 위에서 언급한 대로 신속하고 솔직하게 답해 일관성 있는 응답을 하는 것이 중요하다.

④ **마지막까지 집중해서 검사에 임한다** … 장시간 진행되는 검사에 지치지 않고 마지막까지 집중해서 정확히 답할 수 있도록 해야 한다.

실전 인성검사

|1~228| 다음 (   ) 안에 당신에게 적합하다면 YES, 그렇지 않다면 NO를 선택하시오(인성검사는 응시자의 인성을 파악하기 위한 자료이므로 정답이 존재하지 않습니다).

	YES	NO
1. 조금이라도 나쁜 소식은 절망의 시작이라고 생각해버린다.	( )	( )
2. 언제나 실패가 걱정이 되어 어쩔 줄 모른다.	( )	( )
3. 다수결의 의견에 따르는 편이다.	( )	( )
4. 혼자서 식당에 들어가는 것은 전혀 두려운 일이 아니다.	( )	( )
5. 승부근성이 강하다.	( )	( )
6. 자주 흥분해서 침착하지 못하다.	( )	( )
7. 지금까지 살면서 타인에게 폐를 끼친 적이 없다.	( )	( )
8. 소곤소곤 이야기하는 것을 보면 자기에 대해 험담하고 있는 것으로 생각된다.	( )	( )
9. 무엇이든지 자기가 나쁘다고 생각하는 편이다.	( )	( )
10. 자신을 변덕스러운 사람이라고 생각한다.	( )	( )
11. 고독을 즐기는 편이다.	( )	( )
12. 자존심이 강하다고 생각한다.	( )	( )
13. 금방 흥분하는 성격이다.	( )	( )
14. 거짓말을 한 적이 없다.	( )	( )
15. 신경질적인 편이다.	( )	( )
16. 끙끙대며 고민하는 타입이다.	( )	( )
17. 감정적인 사람이라고 생각한다.	( )	( )
18. 자신만의 신념을 가지고 있다.	( )	( )
19. 다른 사람을 바보 같다고 생각한 적이 있다.	( )	( )
20. 금방 말해버리는 편이다.	( )	( )
21. 싫어하는 사람이 없다.	( )	( )
22. 대재앙이 오지 않을까 항상 걱정을 한다.	( )	( )

23. 쓸데없는 고생을 하는 일이 많다. ···( )( )

24. 자주 생각이 바뀌는 편이다. ···( )( )

25. 문제점을 해결하기 위해 여러 사람과 상의한다. ·······························( )( )

26. 내 방식대로 일을 한다. ···( )( )

27. 영화를 보고 운 적이 많다. ···( )( )

28. 어떤 것에 대해서도 화낸 적이 없다. ···( )( )

29. 사소한 충고에도 걱정을 한다. ··( )( )

30. 자신은 도움이 안되는 사람이라고 생각한다. ······································( )( )

31. 금방 싫증을 내는 편이다. ···( )( )

32. 개성적인 사람이라고 생각한다. ···( )( )

33. 자기 주장이 강한 편이다. ···( )( )

34. 뒤숭숭하다는 말을 들은 적이 있다. ··( )( )

35. 학교를 쉬고 싶다고 생각한 적이 한 번도 없다. ·································( )( )

36. 사람들과 관계맺는 것을 보면 잘하지 못한다. ····································( )( )

37. 사려깊은 편이다. ··( )( )

38. 몸을 움직이는 것을 좋아한다. ··( )( )

39. 끈기가 있는 편이다. ···( )( )

40. 신중한 편이라고 생각한다. ··( )( )

41. 인생의 목표는 큰 것이 좋다. ···( )( )

42. 어떤 일이라도 바로 시작하는 타입이다. ··( )( )

43. 낯가림을 하는 편이다. ···( )( )

44. 생각하고 나서 행동하는 편이다. ···( )( )

45. 쉬는 날은 밖으로 나가는 경우가 많다. ···( )( )

46. 시작한 일은 반드시 완성시킨다. ···( )( )

47. 면밀한 계획을 세운 여행을 좋아한다. ···( )( )

48. 야망이 있는 편이라고 생각한다. ···( )( )

49. 활동력이 있는 편이다. ···( )( )

50. 많은 사람들과 와자지껄하게 식사하는 것을 좋아하지 않는다. ·····( )( )

51. 돈을 허비한 적이 없다. ···( )( )

52. 운동회를 아주 좋아하고 기대했다. ·······································( )( )

53. 하나의 취미에 열중하는 타입이다. ·······································( )( )

54. 모임에서 회장에 어울린다고 생각한다. ·································( )( )

55. 입신출세의 성공이야기를 좋아한다. ·····································( )( )

56. 어떠한 일도 의욕을 가지고 임하는 편이다. ·························( )( )

57. 학급에서는 존재가 희미했다. ···( )( )

58. 항상 무언가를 생각하고 있다. ···( )( )

59. 스포츠는 보는 것보다 하는 게 좋다. ···································( )( )

60. '참 잘했네요'라는 말을 듣는다. ···( )( )

61. 흐린 날은 반드시 우산을 가지고 간다. ·······························( )( )

62. 주연상을 받을 수 있는 배우를 좋아한다. ·····························( )( )

63. 공격하는 타입이라고 생각한다. ···( )( )

64. 리드를 받는 편이다. ···( )( )

65. 너무 신중해서 기회를 놓친 적이 있다. ·······························( )( )

66. 시원시원하게 움직이는 타입이다. ···( )( )

67. 야근을 해서라도 업무를 끝낸다. ···( )( )

68. 누군가를 방문할 때는 반드시 사전에 확인한다. ···················( )( )

69. 노력해도 결과가 따르지 않으면 의미가 없다. ·····················( )( )

70. 무조건 행동해야 한다. ···( )( )

71. 유행에 둔감하다고 생각한다. ···( )( )

72. 정해진대로 움직이는 것은 시시하다. ···································( )( )

73. 꿈을 계속 가지고 있고 싶다. ···( )( )

74. 질서보다 자유를 중요시하는 편이다. ···································( )( )

75. 혼자서 취미에 몰두하는 것을 좋아한다. ·······················( )( )

76. 직관적으로 판단하는 편이다. ··································( )( )

77. 영화나 드라마를 보면 등장인물의 감정에 이입된다. ···········( )( )

78. 시대의 흐름에 역행해서라도 자신을 관철하고 싶다. ·············( )( )

79. 다른 사람의 소문에 관심이 없다. ·····························( )( )

80. 창조적인 편이다. ···( )( )

81. 비교적 눈물이 많은 편이다. ··································( )( )

82. 융통성이 있다고 생각한다. ··································( )( )

83. 친구의 휴대전화 번호를 잘 모른다. ·························( )( )

84. 스스로 고안하는 것을 좋아한다. ····························( )( )

85. 정이 두터운 사람으로 남고 싶다. ···························( )( )

86. 조직의 일원으로 별로 안 어울린다. ·························( )( )

87. 세상의 일에 별로 관심이 없다. ·····························( )( )

88. 변화를 추구하는 편이다. ····································( )( )

89. 업무는 인간관계로 선택한다. ································( )( )

90. 환경이 변하는 것에 구애되지 않는다. ·······················( )( )

91. 불안감이 강한 편이다. ······································( )( )

92. 인생은 살 가치가 없다고 생각한다. ·························( )( )

93. 의지가 약한 편이다. ··( )( )

94. 다른 사람이 하는 일에 별로 관심이 없다. ·····················( )( )

95. 사람을 설득시키는 것은 어렵지 않다. ·······················( )( )

96. 심심한 것을 못 참는다. ·····································( )( )

97. 다른 사람을 욕한 적이 한 번도 없다. ·······················( )( )

98. 다른 사람에게 어떻게 보일지 신경을 쓴다. ·····················( )( )

99. 금방 낙심하는 편이다. ······································( )( )

100. 다른 사람에게 의존하는 경향이 있다. ·······················( )( )

YES NO

101. 그다지 융통성이 있는 편이 아니다. ································( )( )

102. 다른 사람이 내 의견에 간섭하는 것이 싫다. ···············( )( )

103. 낙천적인 편이다. ··( )( )

104. 숙제를 잊어버린 적이 한 번도 없다. ··························( )( )

105. 밤길에는 발소리가 들리기만 해도 불안하다. ···············( )( )

106. 상냥하다는 말을 들은 적이 있다. ·······························( )( )

107. 자신은 유치한 사람이다. ···( )( )

108. 잡담을 하는 것보다 책을 읽는게 낫다. ·······················( )( )

109. 나는 영업에 적합한 타입이라고 생각한다. ··················( )( )

110. 술자리에서 술을 마시지 않아도 흥을 돋울 수 있다. ·····( )( )

111. 한 번도 병원에 간 적이 없다. ······································( )( )

112. 나쁜 일은 걱정이 되어서 어쩔 줄을 모른다. ···············( )( )

113. 쉽게 무기력해지는 편이다. ···( )( )

114. 비교적 고분고분한 편이라고 생각한다. ·······················( )( )

115. 독자적으로 행동하는 편이다. ···( )( )

116. 적극적으로 행동하는 편이다. ···( )( )

117. 금방 감격하는 편이다. ···( )( )

118. 어떤 것에 대해서는 불만을 가진 적이 없다. ···············( )( )

119. 밤에 못 잘 때가 많다. ···( )( )

120. 자주 후회하는 편이다. ···( )( )

121. 뜨거워지기 쉽고 식기 쉽다. ···( )( )

122. 자신만의 세계를 가지고 있다. ·······································( )( )

123. 많은 사람 앞에서도 긴장하는 일은 없다. ··················( )( )

124. 말하는 것을 아주 좋아한다. ···( )( )

125. 인생을 포기하는 마음을 가진 적이 한 번도 없다. ········( )( )

126. 어두운 성격이다. ···( )( )

127. 금방 반성한다. ··( )( )

128. 활동범위가 넓은 편이다. ···( )( )

129. 자신을 끈기있는 사람이라고 생각한다. ····················( )( )

130. 좋다고 생각하더라도 좀 더 검토하고 나서 실행한다. ····( )( )

131. 위대한 인물이 되고 싶다. ···( )( )

132. 한 번에 많은 일을 떠맡아도 힘들지 않다. ················( )( )

133. 사람과 만날 약속은 부담스럽다. ·······························( )( )

134. 질문을 받으면 충분히 생각하고 나서 대답하는 편이다. ····( )( )

135. 머리를 쓰는 것보다 땀을 흘리는 일이 좋다. ············( )( )

136. 결정한 것에는 철저히 구속받는다. ····························( )( )

137. 외출 시 문을 잠그었는지 몇 번을 확인한다. ············( )( )

138. 이왕 할 거라면 일등이 되고 싶다. ·····························( )( )

139. 과감하게 도전하는 타입이다. ····································( )( )

140. 자신은 사교적이 아니라고 생각한다. ·······················( )( )

141. 무심코 도리에 대해서 말하고 싶어진다. ····················( )( )

142. '항상 건강하네요'라는 말을 듣는다. ·························( )( )

143. 단념하면 끝이라고 생각한다. ····································( )( )

144. 예상하지 못한 일은 하고 싶지 않다. ·······················( )( )

145. 파란만장하더라도 성공하는 인생을 걷고 싶다. ·········( )( )

146. 활기찬 편이라고 생각한다. ··( )( )

147. 소극적인 편이라고 생각한다. ····································( )( )

148. 무심코 평론가가 되어 버린다. ···································( )( )

149. 자신은 성급하다고 생각한다. ····································( )( )

150. 꾸준히 노력하는 타입이라고 생각한다. ····················( )( )

151. 내일의 계획이라도 메모한다. ····································( )( )

152. 리더십이 있는 사람이 되고 싶다. ·····························( )( )

153. 열정적인 사람이라고 생각한다. ···( )( )

154. 다른 사람 앞에서 이야기를 잘 하지 못한다. ·································( )( )

155. 통찰력이 있는 편이다. ···( )( )

156. 엉덩이가 가벼운 편이다. ···( )( )

157. 여러 가지로 구애됨이 있다. ···( )( )

158. 돌다리도 두들겨 보고 건너는 쪽이 좋다. ·····································( )( )

159. 자신에게는 권력욕이 있다. ···( )( )

160. 업무를 할당받으면 기쁘다. ···( )( )

161. 사색적인 사람이라고 생각한다. ··( )( )

162. 비교적 개혁적이다. ···( )( )

163. 좋고 싫음으로 정할 때가 많다. ··( )( )

164. 전통에 구애되는 것은 버리는 것이 적절하다. ·······························( )( )

165. 교제 범위가 좁은 편이다. ···( )( )

166. 발상의 전환을 할 수 있는 타입이라고 생각한다. ··························( )( )

167. 너무 주관적이어서 실패한다. ··( )( )

168. 현실적이고 실용적인 면을 추구한다. ···( )( )

169. 내가 어떤 배우의 팬인지 아무도 모른다. ·····································( )( )

170. 현실보다 가능성이다. ···( )( )

171. 마음이 담겨 있으면 선물은 아무 것이나 좋다. ······························( )( )

172. 여행은 마음대로 하는 것이 좋다. ···( )( )

173. 추상적인 일에 관심이 있는 편이다. ··( )( )

174. 일은 대담히 하는 편이다. ···( )( )

175. 괴로워하는 사람을 보면 우선 동정한다. ·······································( )( )

176. 가치기준은 자신의 안에 있다고 생각한다. ····································( )( )

177. 조용하고 조심스러운 편이다. ··( )( )

178. 상상력이 풍부한 편이라고 생각한다. ···( )( )

179. 의리, 인정이 두터운 상사를 만나고 싶다. ································(　)(　)

180. 인생의 앞날을 알 수 없어 재미있다. ································(　)(　)

181. 밝은 성격이다. ································(　)(　)

182. 별로 반성하지 않는다. ································(　)(　)

183. 활동범위가 좁은 편이다. ································(　)(　)

184. 자신을 시원시원한 사람이라고 생각한다. ················(　)(　)

185. 좋다고 생각하면 바로 행동한다. ································(　)(　)

186. 좋은 사람이 되고 싶다. ································(　)(　)

187. 한 번에 많은 일을 떠맡는 것은 골칫거리라고 생각한다. ·······(　)(　)

188. 사람과 만날 약속은 즐겁다. ································(　)(　)

189. 질문을 받으면 그때의 느낌으로 대답하는 편이다. ··········(　)(　)

190. 땀을 흘리는 것보다 머리를 쓰는 일이 좋다. ···············(　)(　)

191. 결정한 것이라도 그다지 구속받지 않는다. ···············(　)(　)

192. 외출 시 문을 잠갔는지 별로 확인하지 않는다. ············(　)(　)

193. 지위에 어울리면 된다. ································(　)(　)

194. 안전책을 고르는 타입이다. ································(　)(　)

195. 자신은 사교적이라고 생각한다. ································(　)(　)

196. 도리는 상관없다. ································(　)(　)

197. 침착하다는 말을 듣는다. ································(　)(　)

198. 단념이 중요하다고 생각한다. ································(　)(　)

199. 예상하지 못한 일도 해보고 싶다. ································(　)(　)

200. 평범하고 평온하게 행복한 인생을 살고 싶다. ············(　)(　)

201. 몹시 귀찮아하는 편이라고 생각한다. ······················(　)(　)

202. 특별히 소극적이라고 생각하지 않는다. ···················(　)(　)

203. 이것저것 평하는 것이 싫다. ································(　)(　)

204. 자신은 성급하지 않다고 생각한다. ························(　)(　)

205. 꾸준히 노력하는 것을 잘 하지 못한다. ·······································( )( )

206. 내일의 계획은 머릿속에 기억한다. ···( )( )

207. 협동성이 있는 사람이 되고 싶다. ···( )( )

208. 열정적인 사람이라고 생각하지 않는다. ·····································( )( )

209. 다른 사람 앞에서 이야기를 잘한다. ···( )( )

210. 행동력이 있는 편이다. ···( )( )

211. 살아온 문화가 전혀 다른 사람과 일하기란 어려운 일이다. ········( )( )

212. 어렸을 때 학교에 자주 결석했다. ···( )( )

213. 독특한 정신세계를 가졌다는 이야기를 들은 적이 있다. ············( )( )

214. 뭔가를 배우기 위해 학원에 가는 것이 귀찮다. ························( )( )

215. 가끔 공적인 일에 사적인 감정이 개입될 때도 있다. ················( )( )

216. 어떤 목표를 달성하기 위해서 많은 것을 포기한 경험이 있다. ····( )( )

218 대체로 독자적으로 결정하고 행동하는 편이다. ·······················( )( )

219. 우리 집은 다양성을 인정해 주는 분위기였다. ·························( )( )

220. 남이 지적하지 않아도 자신의 잘못은 스스로 인정한다. ············( )( )

221. 첨단 지식을 얻기 위해 전문가의 조언을 자주 구한다. ·············( )( )

222. 값비싼 제품을 보면 나도 모르게 훔쳐보고 싶다는 생각을 한다. ···( )( )

223. 주위와 연락을 끊고 일정 기간 잠적한 적이 있다. ···················( )( )

224. 말로 떠벌리기보다는 묵묵히 실행하는 편이다. ·······················( )( )

225. 궁지에 몰릴 경우 나에게 불리하지 않은 사실만을 말한다. ········( )( )

226. 사람들이 친구를 사귀는 것은 자신에게 이롭기 때문이다. ·········( )( )

227. 새로 나온 책이나 잡지를 구입하는 데 돈을 아끼지 않는다. ······( )( )

228. 길을 가다 노숙자나 불쌍한 사람을 보면 그냥 지나치지 못한다. ······( )( )

PART

IV

면접

01 면접의 기본

1 면접준비

(1) 면접의 기본 원칙

① **면접의 의미** … 면접이란 다양한 면접기법을 활용하여 지원한 직무에 필요한 능력을 지원자가 보유하고 있는지를 확인하는 절차라고 할 수 있다. 즉, 지원자의 입장에서는 채용 직무수행에 필요한 요건들과 관련하여 자신의 환경, 경험, 관심사, 성취 등에 대해 기업에 직접 어필할 수 있는 기회를 제공받는 것이며, 기업의 입장에서는 서류전형만으로 알 수 없는 지원자에 대한 정보를 직접적으로 수집하고 평가하는 것이다.

② **면접의 특징** … 면접은 기업의 입장에서 서류전형이나 필기전형에서 드러나지 않는 지원자의 능력이나 성향을 볼 수 있는 기회로, 면대면으로 이루어지며 즉흥적인 질문들이 포함될 수 있기 때문에 지원자가 완벽하게 준비하기 어려운 부분이 있다. 하지만 지원자 입장에서도 서류전형이나 필기전형에서 모두 보여주지 못한 자신의 능력 등을 기업의 인사담당자에게 어필할 수 있는 추가적인 기회가 될 수도 있다.

[서류·필기전형과 차별화되는 면접의 특징]

- 직무수행과 관련된 다양한 지원자 행동에 대한 관찰이 가능하다.
- 면접관이 알고자 하는 정보를 심층적으로 파악할 수 있다.
- 서류상의 미비한 사항과 의심스러운 부분을 확인할 수 있다.
- 커뮤니케이션 능력, 대인관계 능력 등 행동·언어적 정보도 얻을 수 있다.

③ **면접의 유형**
  ⊙ **구조화 면접**: 구조화 면접은 사전에 계획을 세워 질문의 내용과 방법, 지원자의 답변 유형에 따른 추가 질문과 그에 대한 평가 역량이 정해져 있는 면접 방식으로 표준화 면접이라고도 한다.
    - 표준화된 질문이나 평가요소가 면접 전 확정되며, 지원자는 편성된 조나 면접관에 영향을 받지 않고 동일한 질문과 시간을 부여받을 수 있다.

- 조직 또는 직무별로 주요하게 도출된 역량을 기반으로 평가요소가 구성되어, 조직 또는 직무에서 필요한 역량을 가진 지원자를 선발할 수 있다.
- 표준화된 형식을 사용하는 특성 때문에 비구조화 면접에 비해 신뢰성과 타당성, 객관성이 높다.

ⓛ 비구조화 면접 : 비구조화 면접은 면접 계획을 세울 때 면접 목적만을 명시하고 내용이나 방법은 면접관에게 전적으로 일임하는 방식으로 비표준화 면접이라고도 한다.

- 표준화된 질문이나 평가요소 없이 면접이 진행되며, 편성된 조나 면접관에 따라 지원자에게 주어지는 질문이나 시간이 다르다.
- 면접관의 주관적인 판단에 따라 평가가 이루어져 평가 오류가 빈번히 일어난다.
- 상황 대처나 언변이 뛰어난 지원자에게 유리한 면접이 될 수 있다.

④ 경쟁력 있는 면접 요령

㉠ 면접 전에 준비하고 유념할 사항

- 예상 질문과 답변을 미리 작성한다.
- 작성한 내용을 문장으로 외우지 않고 키워드로 기억한다.
- 지원한 회사의 최근 기사를 검색하여 기억한다.
- 지원한 회사가 속한 산업군의 최근 기사를 검색하여 기억한다.
- 면접 전 1주일간 이슈가 되는 뉴스를 기억하고 자신의 생각을 반영하여 정리한다.
- 찬반토론에 대비한 주제를 목록으로 정리하여 자신의 논리를 내세운 예상답변을 작성한다.

㉡ 면접장에서 유념할 사항

- 질문의 의도 파악 : 답변을 할 때에는 질문 의도를 파악하고 그에 충실한 답변이 될 수 있도록 질문사항을 유념해야 한다. 많은 지원자가 하는 실수 중 하나로 답변을 하는 도중 자기 말에 심취되어 질문의 의도와 다른 답변을 하거나 자신이 알고 있는 지식만을 나열하는 경우가 있는데, 이럴 경우 의사소통능력이 부족한 사람으로 인식될 수 있으므로 주의하도록 한다.
- 답변은 두괄식 : 답변을 할 때에는 두괄식으로 결론을 먼저 말하고 그 이유를 설명하는 것이 좋다. 미괄식으로 답변을 할 경우 용두사미의 답변이 될 가능성이 높으며, 결론을 이끌어 내는 과정에서 논리성이 결여될 우려가 있다. 또한 면접관이 결론을 듣기 전에 말을 끊고 다른 질문을 추가하는 예상치 못한 상황이 발생될 수 있으므로 답변은 자신이 전달하고자 하는 바를 먼저 밝히고 그에 대한 설명을 하는 것이 좋다.

- 지원한 회사의 기업정신과 인재상을 기억 : 답변을 할 때에는 회사가 원하는 인재라는 인상을 심어주기 위해 지원한 회사의 기업정신과 인재상 등을 염두에 두고 답변을 하는 것이 좋다. 모든 회사에 해당되는 두루뭉술한 답변보다는 지원한 회사에 맞는 맞춤형 답변을 하는 것이 좋다.
- 나보다는 회사와 사회적 관점에서 답변 : 답변을 할 때에는 자기중심적인 관점을 피하고 좀 더 넓은 시각으로 회사와 국가, 사회적 입장까지 고려하는 인재임을 어필하는 것이 좋다. 자기중심적 시각을 바탕으로 자신의 출세만을 위해 회사에 입사하려는 인상을 심어줄 경우 면접에서 불이익을 받을 가능성이 높다.
- 난처한 질문은 정직한 답변 : 난처한 질문에 답변을 해야 할 때에는 피하기보다는 정면 돌파로 정직하고 솔직하게 답변하는 것이 좋다. 난처한 부분을 감추고 드러내지 않으려 회피하려는 지원자의 모습은 인사담당자에게 입사 후에도 비슷한 상황에 처했을 때 회피할 수도 있다는 우려를 심어줄 수 있다. 따라서 직장생활에 있어 중요한 덕목 중 하나인 정직을 바탕으로 솔직하게 답변을 하도록 한다.

(2) 면접의 종류 및 준비 전략

① 인성면접

　㉠ 면접 방식 및 판단기준
- 면접 방식 : 인성면접은 면접관이 가지고 있는 개인적 면접 노하우나 관심사에 의해 질문을 실시한다. 주로 입사지원서나 자기소개서의 내용을 토대로 지원동기, 과거의 경험, 미래 포부 등을 이야기하도록 하는 방식이다.
- 판단기준 : 면접관의 개인적 가치관과 경험, 해당 역량의 수준, 경험의 구체성·진실성 등
　㉡ 특징 : 인성면접은 그 방식으로 인해 역량과 무관한 질문들이 많고 지원자에게 주어지는 면접질문, 시간 등이 다를 수 있다. 또한 입사지원서나 자기소개서의 내용을 토대로 하기 때문에 지원자별 질문이 달라질 수 있다.

ⓒ 예시 문항 및 준비전략

• 예시 문항

> • 3분 동안 자기소개를 해 보십시오.
> • 자신의 장점과 단점을 말해 보십시오.
> • 학점이 좋지 않은데 그 이유가 무엇입니까?
> • 최근에 인상 깊게 읽은 책은 무엇입니까?
> • 회사를 선택할 때 중요시하는 것은 무엇입니까?
> • 일과 개인생활 중 어느 쪽을 중시합니까?
> • 10년 후 자신은 어떤 모습일 것이라고 생각합니까?
> • 휴학 기간 동안에는 무엇을 했습니까?

• 준비전략 : 인성면접은 입사지원서나 자기소개서의 내용을 바탕으로 하는 경우가 많으므로 자신이 작성한 입사지원서와 자기소개서의 내용을 충분히 숙지하도록 한다. 또한 최근 사회적으로 이슈가 되고 있는 뉴스에 대한 견해를 묻거나 시사상식 등에 대한 질문을 받을 수 있으므로 이에 대한 대비도 필요하다. 자칫 부담스러워 보이지 않는 질문으로 가볍게 대답하지 않도록 주의하고 모든 질문에 입사 의지를 담아 성실하게 답변하는 것이 중요하다.

② 발표면접

㉠ 면접 방식 및 판단기준
  • 면접 방식 : 지원자가 특정 주제와 관련된 자료를 검토하고 그에 대한 자신의 생각을 면접관 앞에서 주어진 시간 동안 발표하고 추가 질의를 받는 방식으로 진행된다.
  • 판단기준 : 지원자의 사고력, 논리력, 문제해결력 등

㉡ 특징 : 발표면접은 지원자에게 과제를 부여한 후, 과제를 수행하는 과정과 결과를 관찰·평가한다. 따라서 과제수행 결과뿐 아니라 수행과정에서의 행동을 모두 평가할 수 있다.

ⓒ 예시 문항 및 준비전략

• 예시 문항

[신입사원 조기 이직 문제]

※ 지원자는 아래에 제시된 자료를 검토한 뒤, 신입사원 조기 이직의 원인을 크게 3가지로 정리하고 이에 대한 구체적인 개선안을 도출하여 발표해 주시기 바랍니다.

※ 본 과제에 정해진 정답은 없으나 논리적 근거를 들어 개선안을 작성해 주십시오.

• A기업은 동종업계 유사기업들과 비교해 볼 때, 비교적 높은 재무안정성을 유지하고 있으며 업무강도가 그리 높지 않은 것으로 외부에 알려져 있음.

• 최근 조사결과, 동종업계 유사기업들과 연봉을 비교해 보았을 때 연봉 수준도 그리 나쁘지 않은 편이라는 것이 확인되었음.

• 그러나 지난 3년간 1~2년차 직원들의 이직률이 계속해서 증가하고 있는 추세이며, 경영진 회의에서 최우선 해결과제 중 하나로 거론되었음.

• 이에 따라 인사팀에서 현재 1~2년차 사원들을 대상으로 개선되어야 하는 A기업의 조직문화에 대한 설문조사를 실시한 결과, '상명하복식의 의사소통'이 36.7%로 1위를 차지했음.

• 이러한 설문조사와 함께, 신입사원 조기 이직에 대한 원인을 분석한 결과 파랑새 증후군, 셀프홀릭 증후군, 피터팬 증후군 등 3가지로 분류할 수 있었음.

⟨동종업계 유사기업들과의 연봉 비교⟩   ⟨우리 회사 조직문화 중 개선되었으면 하는 것⟩

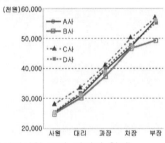 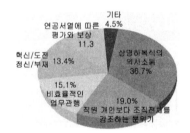

⟨신입사원 조기 이직의 원인⟩

• 파랑새 증후군
- 현재의 직장보다 더 좋은 직장이 있을 것이라는 막연한 기대감으로 끊임없이 새로운 직장을 탐색함.
- 학력 수준과 맞지 않는 '하향지원', 전공과 적성을 고려하지 않고 일단 취업하고 보자는 '묻지마 지원'이 파랑새 증후군을 초래함.

• 셀프홀릭 증후군
- 본인의 역량에 비해 가치가 낮은 일을 주로 하면서 갈등을 느낌.

• 피터팬 증후군
- 기성세대의 문화를 무조건 수용하기보다는 자유로움과 변화를 추구함.
- 상명하복, 엄격한 규율 등 기성세대가 당연시하는 관행에 거부감을 가지며 직장에 답답함을 느낌.

- 준비전략 : 발표면접의 시작은 과제 안내문과 과제 상황, 과제 자료 등을 정확하게 이해하는 것에서 출발한다. 과제 안내문을 침착하게 읽고 제시된 주제 및 문제와 관련된 상황의 맥락을 파악한 후 과제를 검토한다. 제시된 기사나 그래프 등을 충분히 활용하여 주어진 문제를 해결할 수 있는 해결책이나 대안을 제시하며, 발표를 할 때에는 명확하고 자신 있는 태도로 전달할 수 있도록 한다.

③ 토론면접

ㄱ 면접 방식 및 판단기준

- 면접 방식 : 상호갈등적 요소를 가진 과제 또는 공통의 과제를 해결하는 내용의 토론 과제를 제시하고, 그 과정에서 개인 간의 상호작용 행동을 관찰하는 방식으로 면접이 진행된다.
- 판단기준 : 팀워크, 적극성, 갈등 조정, 의사소통능력, 문제해결능력 등

ㄴ 특징 : 토론을 통해 도출해 낸 최종안의 타당성도 중요하지만, 결론을 도출해 내는 과정에서의 의사소통능력이나 갈등상황에서 의견을 조정하는 능력 등이 중요하게 평가되는 특징이 있다.

ㄷ 예시 문항 및 준비전략

- 예시 문항

- 군 가산점제 부활에 대한 찬반토론
- 담뱃값 인상에 대한 찬반토론
- 비정규직 철폐에 대한 찬반토론
- 대학의 영어 강의 확대 찬반토론
- 워크숍 장소 선정을 위한 토론

- 준비전략 : 토론면접은 무엇보다 팀워크와 적극성이 강조된다. 따라서 토론과정에 적극적으로 참여하며 자신의 의사를 분명하게 전달하며, 갈등상황에서 자신의 의견만 내세울 것이 아니라 다른 지원자의 의견을 경청하고 배려하는 모습도 중요하다. 갈등상황을 일목요연하게 정리하여 조정하는 등의 의사소통능력을 발휘하는 것도 좋은 전략이 될 수 있다.

④ 상황면접

ㄱ 면접 방식 및 판단기준

- 면접 방식 : 상황면접은 직무 수행 시 접할 수 있는 상황들을 제시하고, 그러한 상황에서 어떻게 행동할 것인지를 이야기하는 방식으로 진행된다.
- 판단기준 : 해당 상황에 적절한 역량의 구현과 구체적 행동지표

ⓛ 특징 : 실제 직무 수행 시 접할 수 있는 상황들을 제시하므로 입사 이후 지원자의 업무수행능력을 평가하는 데 적절한 면접 방식이다. 또한 지원자의 가치관, 태도, 사고방식 등의 요소를 통합적으로 평가하는 데 용이하다.

ⓒ 예시 문항 및 준비전략

• 예시 문항

> 당신은 생산관리팀의 팀원으로, 생산팀이 기한에 맞춰 효율적으로 제품을 생산할 수 있도록 관리하는 역할을 맡고 있습니다. 3개월 뒤에 제품A를 정상적으로 출시하기 위해 생산팀의 생산 계획을 수립한 상황입니다. 그러나 원가가 곧 실적으로 이어지는 구매팀에서는 최대한 원가를 줄여 전반적 단가를 낮추려고 원가절감을 위한 제안을 하였으나, 연구개발팀에서는 구매팀이 제안한 방식으로 제품을 생산할 경우 대부분이 구매팀의 실적으로 산정될 것이므로 제대로 확인도 해보지 않은 채 적합하지 않은 방식이라고 판단하고 있습니다. 당신은 어떻게 하겠습니까?

• 준비전략 : 상황면접은 먼저 주어진 상황에서 핵심이 되는 문제가 무엇인지를 파악하는 것에서 시작한다. 주질문과 세부질문을 통하여 질문의 의도를 파악하였다면, 그에 대한 구체적인 행동이나 생각 등에 대해 응답할수록 높은 점수를 얻을 수 있다.

⑤ 역할면접

㉠ 면접 방식 및 판단기준

• 면접 방식 : 역할면접 또는 역할연기 면접은 기업 내 발생 가능한 상황에서 부딪히게 되는 문제와 역할을 가상적으로 설정하여 특정 역할을 맡은 사람과 상호작용하고 문제를 해결해 나가도록 하는 방식으로 진행된다. 역할연기 면접에서는 면접관이 직접 역할연기를 하면서 지원자를 관찰하기도 하지만, 역할연기 수행만 전문적으로 하는 사람을 투입할 수도 있다.

• 판단기준 : 대처능력, 대인관계능력, 의사소통능력 등

㉡ 특징 : 역할면접은 실제 상황과 유사한 가상 상황에서의 행동을 관찰함으로서 지원자의 성격이나 대처 행동 등을 관찰할 수 있다.

㉢ 예시 문항 및 준비전략

• 예시 문항

> [금융권 역할면접의 예]
> 당신은 ○○은행의 신입 텔러이다. 사람이 많은 월말 오전 한 할아버지(면접관 또는 역할담당자)께서 ○○은행을 사칭한 보이스피싱으로 500만 원을 피해 보았다며 소란을 일으키고 있다. 실제 업무상황이라고 생각하고 상황에 대처해 보시오.

- 준비전략 : 역할연기 면접에서 측정하는 역량은 주로 갈등의 원인이 되는 문제를 해결 하고 제시된 해결방안을 상대방에게 설득하는 것이다. 따라서 갈등해결, 문제해결, 조정·통합, 설득력과 같은 역량이 중요시된다. 또한 갈등을 해결하기 위해서 상대방에 대한 이해도 필수적인 요소이므로 고객 지향을 염두에 두고 상황에 맞게 대처해야 한다.

역할면접에서는 변별력을 높이기 위해 면접관이 압박적인 분위기를 조성하는 경우가 많기 때문에 스트레스 상황에서 불안해하지 않고 유연하게 대처할 수 있도록 시간과 노력을 들여 충분히 연습하는 것이 좋다.

2 면접 이미지 메이킹

(1) 성공적인 이미지 메이킹 포인트

① 복장 및 스타일

㉠ 남성

- 양복 : 양복은 단색으로 하며 넥타이나 셔츠로 포인트를 주는 것이 효과적이다. 짙은 회색이나 감청색이 가장 단정하고 품위 있는 인상을 준다.
- 셔츠 : 흰색이 가장 선호되나 자신의 피부색에 맞추는 것이 좋다. 푸른색이나 베이지색은 산뜻한 느낌을 줄 수 있다. 양복과의 배색도 고려하도록 한다.
- 넥타이 : 의상에 포인트를 줄 수 있는 아이템이지만 너무 화려한 것은 피한다. 지원자의 피부색은 물론, 정장과 셔츠의 색을 고려하며, 체격에 따라 넥타이 폭을 조절하는 것이 좋다.
- 구두&양말 : 구두는 검정색이나 짙은 갈색이 어느 양복에나 무난하게 어울리며 깔끔하게 닦아 준비한다. 양말은 정장과 동일한 색상이나 검정색을 착용한다.
- 헤어스타일 : 머리스타일은 단정한 느낌을 주는 짧은 헤어스타일이 좋으며 앞머리가 있다면 이마나 눈썹을 가리지 않는 선에서 정리하는 것이 좋다.

ⓛ 여성

- 의상 : 단정한 스커트 투피스 정장이나 슬랙스 슈트가 무난하다. 블랙이나 그레이, 네이비, 브라운 등 차분해 보이는 색상을 선택하는 것이 좋다.
- 소품 : 구두, 핸드백 등은 같은 계열로 코디하는 것이 좋으며 구두는 너무 화려한 디자인이나 굽이 높은 것을 피한다. 스타킹은 의상과 구두에 맞춰 단정한 것으로 선택한다.
- 액세서리 : 액세서리는 너무 크거나 화려한 것은 좋지 않으며 과하게 많이 하는 것도 좋은 인상을 주지 못한다. 착용하지 않거나 작고 깔끔한 디자인으로 포인트를 주는 정도가 적당하다.
- 메이크업 : 화장은 자연스럽고 밝은 이미지를 표현하는 것이 좋으며 진한 색조는 인상이 강해 보일 수 있으므로 피한다.
- 헤어스타일 : 커트나 단발처럼 짧은 머리는 활동적이면서도 단정한 이미지를 줄 수 있도록 정리한다. 긴 머리의 경우 하나로 묶거나 단정한 머리망으로 정리하는 것이 좋으며, 짙은 염색이나 화려한 웨이브는 피한다.

② 인사

ⓐ 인사의 의미 : 인사는 예의범절의 기본이며 상대방의 마음을 여는 기본적인 행동이라고 할 수 있다. 인사는 처음 만나는 면접관에게 호감을 살 수 있는 가장 쉬운 방법이 될 수 있기도 하지만 제대로 예의를 지키지 않으면 지원자의 인성 전반에 대한 평가로 이어질 수 있으므로 각별히 주의해야 한다.

ⓑ 인사의 핵심 포인트

- 인사말 : 인사말을 할 때에는 밝고 친근감 있는 목소리로 하며, 자신의 이름과 수험번호 등을 간략하게 소개한다.
- 시선 : 인사는 상대방의 눈을 보며 하는 것이 중요하며 너무 빤히 쳐다본다는 느낌이 들지 않도록 주의한다.
- 표정 : 인사는 마음에서 우러나오는 존경이나 반가움을 표현하고 예의를 차리는 것이므로 살짝 미소를 지으며 하는 것이 좋다.
- 자세 : 인사를 할 때에는 가볍게 목만 숙인다거나 흐트러진 상태에서 인사를 하지 않도록 주의하며 절도 있고 확실하게 하는 것이 좋다.

③ 시선처리와 표정, 목소리

　㉠ 시선처리와 표정 : 표정은 면접에서 지원자의 첫인상을 결정하는 중요한 요소이다. 얼굴표정은 사람의 감정을 가장 잘 표현할 수 있는 의사소통 도구로 표정 하나로 상대방에게 호감을 주거나, 비호감을 사기도 한다. 호감이 가는 인상의 특징은 부드러운 눈썹, 자연스러운 미간, 적당히 볼록한 광대, 올라간 입 꼬리 등으로 가볍게 미소를 지을 때의 표정과 일치한다. 따라서 면접 중에는 밝은 표정으로 미소를 지어 호감을 형성할 수 있도록 한다. 시선은 면접관과 고르게 맞추되 생기 있는 눈빛을 띄도록 하며, 너무 빤히 쳐다본다는 인상을 주지 않도록 한다.

　㉡ 목소리 : 면접은 주로 면접관과 지원자의 대화로 이루어지므로 목소리가 미치는 영향이 상당하다. 답변을 할 때에는 부드러우면서도 활기차고 생동감 있는 목소리로 하는 것이 면접관에게 호감을 줄 수 있으며 적당한 제스처가 더해진다면 상승효과를 얻을 수 있다. 그러나 적절한 답변을 하였음에도 불구하고 콧소리나 날카로운 목소리, 자신감 없는 작은 목소리는 답변의 신뢰성을 떨어뜨릴 수 있으므로 주의하도록 한다.

④ 자세

　㉠ 걷는 자세

　　• 면접장에 입실할 때에는 상체를 곧게 유지하고 발끝은 평행이 되게 하며 무릎을 스치듯 11자로 걷는다.

　　• 시선은 정면을 향하고 턱은 가볍게 당기며 어깨나 엉덩이가 흔들리지 않도록 주의한다.

　　• 발바닥 전체가 닿는 느낌으로 안정감 있게 걸으며 발소리가 나지 않도록 주의한다.

　　• 보폭은 어깨넓이만큼이 적당하지만, 스커트를 착용했을 경우 보폭을 줄인다.

　　• 걸을 때도 미소를 유지한다.

　㉡ 서있는 자세

　　• 몸 전체를 곧게 펴고 가슴을 자연스럽게 내민 후 등과 어깨에 힘을 주지 않는다.

　　• 정면을 바라본 상태에서 턱을 약간 당기고 아랫배에 힘을 주어 당기며 바르게 선다.

　　• 양 무릎과 발뒤꿈치는 붙이고 발끝은 11자 또는 V형을 취한다.

　　• 남성의 경우 팔을 자연스럽게 내리고 양손을 가볍게 쥐어 바지 옆선에 붙이고, 여성의 경우 공수자세를 유지한다.

ⓒ 앉은 자세

• 남성

> • 의자 깊숙이 앉고 등받이와 등 사이에 주먹 1개 정도의 간격을 두며 기대듯 앉지 않도록 주의한다. (남녀 공통 사항)
> • 무릎 사이에 주먹 2개 정도의 간격을 유지하고 발끝은 11자를 취한다.
> • 시선은 정면을 바라보며 턱은 가볍게 당기고 미소를 짓는다. (남녀 공통 사항)
> • 양손은 가볍게 주먹을 쥐고 무릎 위에 올려놓는다.
> • 앉고 일어날 때에는 자세가 흐트러지지 않도록 주의한다. (남녀 공통 사항)

• 여성

> • 스커트를 입었을 경우 왼손으로 뒤쪽 스커트 자락을 누르고 오른손으로 앞쪽 자락을 누르며 의자에 앉는다.
> • 무릎은 붙이고 발끝을 가지런히 하며, 다리를 왼쪽으로 비스듬히 기울이면 여성스러워 보이는 효과가 있다.
> • 양손을 모아 무릎 위에 모아 놓으며 스커트를 입었을 경우 스커트 위를 가볍게 누르듯이 올려놓는다.

(2) 면접 예절

① 행동 관련 예절

ⓐ 지각은 절대금물 : 시간을 지키는 것은 예절의 기본이다. 지각을 할 경우 면접에 응시할 수 없거나, 면접 기회가 주어지더라도 불이익을 받을 가능성이 높아진다. 따라서 면접장소가 결정되면 교통편과 소요시간을 확인하고 가능하다면 사전에 미리 방문해보는 것도 좋다. 면접 당일에는 서둘러 출발하여 면접 시간 20~30분 전에 도착하여 회사를 둘러보고 환경에 익숙해지는 것도 성공적인 면접을 위한 요령이 될 수 있다.

ⓑ 면접 대기 시간 : 지원자들은 대부분 면접장에서의 행동과 답변 등으로만 평가를 받는다고 생각하지만 그렇지 않다. 면접관이 아닌 면접진행자 역시 대부분 인사실무자이며 면접관이 면접 후 지원자에 대한 평가에 있어 확신을 위해 면접진행자의 의견을 구한다면 면접진행자의 의견이 당락에 영향을 줄 수 있다. 따라서 면접 대기 시간에도 행동과 말을 조심해야 하며, 면접을 마치고 돌아가는 순간까지도 긴장을 늦춰서는 안 된다. 면접 중 압박적인 질문에 답변을 잘 했지만, 면접장을 나와 흐트러진 모습을 보이거나 욕설을 한다면 면접 탈락의 요인이 될 수 있으므로 주의해야 한다.

ⓒ 입실 후 태도 : 본인의 차례가 되어 호명되면 또렷하게 대답하고 들어간다. 만약 면접장 문이 닫혀 있다면 상대에게 소리가 들릴 수 있을 정도로 노크를 두세 번 한 후 대답을 듣고 나서 들어가야 한다. 문을 여닫을 때에는 소리가 나지 않게 조용히 하며 공손한 자세로 인사한 후 성명과 수험번호를 말하고 면접관의 지시에 따라 자리에 앉는다. 이 경우 착석하라는 말이 없는데 먼저 의자에 앉으면 무례한 사람으로 보일 수 있으므로 주의한다. 의자에 앉을 때에는 끝에 앉지 말고 무릎 위에 양손을 가지런히 얹는 것이 예절이라고 할 수 있다.

ⓔ 옷매무새를 자주 고치지 마라. : 일부 지원자의 경우 옷매무새 또는 헤어스타일을 자주 고치거나 확인하기도 하는데 이러한 모습은 과도하게 긴장한 것 같아 보이거나 면접에 집중하지 못하는 것으로 보일 수 있다. 남성 지원자의 경우 넥타이를 자꾸 고쳐 맨다거나 정장 상의 끝을 너무 자주 만지작거리지 않는다. 여성 지원자는 머리를 계속 쓸어 올리지 않고, 특히 짧은 치마를 입고서 신경이 쓰여 치마를 끌어 내리는 행동은 좋지 않다.

ⓜ 다리를 떨거나 산만한 시선은 면접 탈락의 지름길 : 자신도 모르게 다리를 떨거나 손가락을 만지는 등의 행동을 하는 지원자가 있는데, 이는 면접관의 주의를 끌 뿐만 아니라 불안하고 산만한 사람이라는 느낌을 주게 된다. 따라서 가능한 한 바른 자세로 앉아 있는 것이 좋다. 또한 면접관과 시선을 맞추지 못하고 여기저기 둘러보는 듯한 산만한 시선은 지원자가 거짓말을 하고 있다고 여겨지거나 신뢰할 수 없는 사람이라고 생각될 수 있다.

② 답변 관련 예절

ⓝ 면접관이나 다른 지원자와 가치 논쟁을 하지 않는다. : 질문을 받고 답변하는 과정에서 면접관 또는 다른 지원자의 의견과 다른 의견이 있을 수 있다. 특히 평소 지원자가 관심이 많은 문제이거나 잘 알고 있는 문제인 경우 자신과 다른 의견에 대해 이의가 있을 수 있다. 하지만 주의할 것은 면접에서 면접관이나 다른 지원자와 가치 논쟁을 할 필요는 없다는 것이며 오히려 불이익을 당할 수도 있다. 정답이 정해져 있지 않은 경우에는 가치관이나 성장배경에 따라 문제를 받아들이는 태도에서 답변까지 충분히 차이가 있을 수 있으므로 굳이 면접관이나 다른 지원자의 가치관을 지적하고 고치려 드는 것은 좋지 않다.

ⓛ 답변은 항상 정직해야 한다. : 면접이라는 것이 아무리 지원자의 장점을 부각시키고 단점을 축소시키는 것이라고 해도 절대로 거짓말을 해서는 안 된다. 거짓말을 하게 되면 지원자는 불안하거나 꺼림칙한 마음이 들게 되어 면접에 집중을 하지 못하게 되고 수많은 지원자를 상대하는 면접관은 그것을 놓치지 않는다. 거짓말은 그 지원자에 대한 신뢰성을 떨어뜨리며 이로 인해 다른 스펙이 아무리 훌륭하다고 해도 채용에서 탈락하게 될 수 있음을 명심하도록 한다.

ⓒ 경력직을 경우 전 직장에 대해 험담하지 않는다. : 지원자가 전 직장에서 무슨 업무를 담당했고 어떤 성과를 올렸는지는 면접관이 관심을 둘 사항일 수 있지만, 이전 직장의 기업문화나 상사들이 어땠는지는 그다지 궁금해 하는 사항이 아니다. 전 직장에 대해 험담을 늘어놓는다든가, 동료와 상사에 대한 악담을 하게 된다면 오히려 지원자에 대한 부정적인 이미지만 심어줄 수 있다. 만약 전 직장에 대한 말을 해야 할 경우가 생긴다면 가능한 한 객관적으로 이야기하는 것이 좋다.

ⓔ 자기 자신이나 배경에 대해 자랑하지 않는다. : 자신의 성취나 부모 형제 등 집안사람들이 사회·경제적으로 어떠한 위치에 있는지에 대한 자랑은 면접관으로 하여금 지원자에 대해 오만한 사람이거나 배경에 의존하려는 나약한 사람이라는 이미지를 갖게 할 수 있다. 따라서 자기 자신이나 배경에 대해 자랑하지 않도록 하고, 자신이 한 일에 대해서 너무 자세하게 얘기하지 않도록 주의해야 한다.

3 면접 질문 및 답변 포인트

(1) 가족 및 대인관계에 관한 질문

① 당신의 가정은 어떤 가정입니까?

면접관들은 지원자의 가정환경과 성장과정을 통해 지원자의 성향을 알고 싶어 이와 같은 질문을 한다. 비록 가정 일과 사회의 일이 완전히 일치하는 것은 아니지만 '가화만사성'이라는 말이 있듯이 가정이 화목해야 사회에서도 화목하게 지낼 수 있기 때문이다. 그러므로 답변 시에는 가족사항을 정확하게 설명하고 집안의 분위기와 특징에 대해 이야기하는 것이 좋다.

② 아버지의 직업은 무엇입니까?

아주 기본적인 질문이지만 지원자는 아버지의 직업과 내가 무슨 관련성이 있을까 생각하기 쉬워 포괄적인 답변을 하는 경우가 많다. 그러나 이는 바람직하지 않은 것으로 단답형으로 답변하면 세부적인 직종 및 근무연한 등을 물을 수 있으므로 모든 걸 한 번에 대답하는 것이 좋다.

③ 친구 관계에 대해 말해 보십시오.

지원자의 인간성을 판단하는 질문으로 교우관계를 통해 답변자의 성격과 대인관계능력을 파악할 수 있다. 새로운 환경에 적응을 잘하여 새로운 친구들이 많은 것도 좋지만, 깊고 오래 지속되어온 인간관계를 말하는 것이 더욱 바람직하다.

(2) 성격 및 가치관에 관한 질문

① 당신의 PR포인트를 말해 주십시오.

PR포인트를 말할 때에는 지나치게 겸손한 태도는 좋지 않으며 적극적으로 자기를 주장하는 것이 좋다. 앞으로 입사 후 하게 될 업무와 관련된 자기의 특성을 구체적인 일화를 더하여 이야기하도록 한다.

② 당신의 장·단점을 말해 보십시오.

지원자의 구체적인 장·단점을 알고자 하기 보다는 지원자가 자기 자신에 대해 얼마나 알고 있으며 어느 정도의 객관적인 분석을 하고 있나, 그리고 개선의 노력 등을 시도하는지를 파악하고자 하는 것이다. 따라서 장점을 말할 때는 업무와 관련된 장점을 뒷받침할 수 있는 근거와 함께 제시하며, 단점을 이야기할 때에는 극복을 위한 노력을 반드시 포함해야 한다.

③ 가장 존경하는 사람은 누구입니까?

존경하는 사람을 말하기 위해서는 우선 그 인물에 대해 알아야 한다. 잘 모르는 인물에 대해 존경한다고 말하는 것은 면접관에게 바로 지적당할 수 있으므로, 추상적이라도 좋으니 평소에 존경스럽다고 생각했던 사람에 대해 그 사람의 어떤 점이 좋고 존경스러운지 대답하도록 한다. 또한 자신에게 어떤 영향을 미쳤는지도 언급하면 좋다.

(3) 학교생활에 관한 질문

① 지금까지의 학교생활 중 가장 기억에 남는 일은 무엇입니까?

가급적 직장생활에 도움이 되는 경험을 이야기하는 것이 좋다. 또한 경험만을 간단하게 말하지 말고 그 경험을 통해서 얻을 수 있었던 교훈 등을 예시와 함께 이야기하는 것이 좋으나 너무 상투적인 답변이 되지 않도록 주의해야 한다.

② 성적은 좋은 편이었습니까?

면접관은 이미 서류심사를 통해 지원자의 성적을 알고 있다. 그럼에도 불구하고 이 질문을 하는 것은 지원자가 성적에 대해서 어떻게 인식하느냐를 알고자 하는 것이다. 성적이 나빴던 이유에 대해서 변명하려 하지 말고 담백하게 받아드리고 그것에 대한 개선노력을 했음을 밝히는 것이 적절하다.

③ 학창시절에 시위나 집회 등에 참여한 경험이 있습니까?

기업에서는 노사분규를 기업의 사활이 걸린 중대한 문제로 인식하고 거시적인 차원에서 접근한다. 이러한 기업문화를 제대로 인식하지 못하여 학창시절의 시위나 집회 참여 경험을 자랑스럽게 답변할 경우 감점요인이 되거나 심지어는 탈락할 수 있다는 사실에 주의한다. 시위나 집회에 참가한 경험을 말할 때에는 타당성과 정도에 유의하여 답변해야 한다.

(4) 지원동기 및 직업의식에 관한 질문

① 왜 우리 회사를 지원했습니까?

이 질문은 어느 회사나 가장 먼저 물어보고 싶은 것으로 지원자들은 기업의 이념, 대표의 경영능력, 재무구조, 복리후생 등 외적인 부분을 설명하는 경우가 많다. 이러한 답변도 적절하지만 지원 회사의 주력 상품에 관한 소비자의 인지도, 경쟁사 제품과의 시장점유율을 비교하면서 입사동기를 설명한다면 상당히 주목 받을 수 있을 것이다.

② 만약 이번 채용에 불합격하면 어떻게 하겠습니까?

불합격할 것을 가정하고 회사에 응시하는 지원자는 거의 없을 것이다. 이는 지원자를 궁지로 몰아넣고 어떻게 대응하는지를 살펴보며 입사 의지를 알아보려고 하는 것이다. 이 질문은 너무 깊이 들어가지 말고 침착하게 답변하는 것이 좋다.

③ 당신이 생각하는 바람직한 사원상은 무엇입니까?

직장인으로서 또는 조직의 일원으로서의 자세를 묻는 질문으로 지원하는 회사에서 어떤 인재상을 요구하는 가를 알아두는 것이 좋으며, 평소에 자신의 생각을 미리 정리해 두어 당황하지 않도록 한다.

④ 직무상의 적성과 보수의 많음 중 어느 것을 택하겠습니까?

이런 질문에서 회사 측에서 원하는 답변은 당연히 직무상의 적성에 비중을 둔다는 것이다. 그러나 적성만을 너무 강조하다 보면 오히려 솔직하지 못하다는 인상을 줄 수 있으므로 어느 한 쪽을 너무 강조하거나 경시하는 태도는 바람직하지 못하다.

⑤ 상사와 의견이 다를 때 어떻게 하겠습니까?

과거와 다르게 최근에는 상사의 명령에 무조건 따르겠다는 수동적인 자세는 바람직하지 않다. 회사에서는 때에 따라 자신이 판단하고 행동할 수 있는 직원을 원하기 때문이다. 그러나 지나치게 자신의 의견만을 고집한다면 이는 팀원 간의 불화를 야기할 수 있으며 팀 체제에 악영향을 미칠 수 있으므로 선호하지 않는다는 것에 유념하여 답해야 한다.

⑥ 근무지가 지방인데 근무가 가능합니까?

근무지가 지방 중에서도 특정 지역은 되고 다른 지역은 안 된다는 답변은 바람직하지 않다. 직장에서는 순환 근무라는 것이 있으므로 처음에 지방에서 근무를 시작했다고 해서 계속 지방에만 있는 것은 아님을 유의하고 답변하도록 한다.

(5) 여가 활용에 관한 질문

① 취미가 무엇입니까?

기초적인 질문이지만 특별한 취미가 없는 지원자의 경우 대답이 애매할 수밖에 없다. 그래서 가장 많이 대답하게 되는 것이 독서, 영화감상, 혹은 음악감상 등과 같은 흔한 취미를 말하게 되는데 이런 취미는 면접관의 주의를 끌기 어려우며 설사 정말 위와 같은 취미를 가지고 있다하더라도 제대로 답변하기는 힘든 것이 사실이다. 가능하면 독특한 취미를 말하는 것이 좋으며 이제 막 시작한 것이라도 열의를 가지고 있음을 설명할 수 있으면 그것을 취미로 답변하는 것도 좋다.

② 술자리를 좋아합니까?

이 질문은 정말로 술자리를 좋아하는 정도를 묻는 것이 아니다. 우리나라에서는 대부분 술자리가 친교의 자리로 인식되기 때문에 그것에 얼마나 적극적으로 참여할 수 있는 가를 우회적으로 묻는 것이다. 술자리를 싫어한다고 대답하게 되면 원만한 대인관계에 문제가 있을 수 있다고 평가될 수 있으므로 술을 잘 마시지 못하더라도 술자리의 분위기는 즐긴 다고 답변하는 것이 좋으며 주량에 대해서는 정확하게 말하는 것이 좋다.

(6) 여성 지원자들을 겨냥한 질문

① 결혼은 언제 할 생각입니까?

지원자가 결혼예정자일 경우 기업은 채용을 꺼리게 되는 경향이 있다. 업무를 어느 정도 인식하고 수행할 정도가 되면 퇴사하는 일이 흔하기 때문이다. 가능하면 향후 몇 년간은 결혼 계획이 없다고 납변하는 것이 현실적인 대처 요령이며, 덧붙여 결혼 후에도 일하고 자 하는 의지를 강하게 내보인다면 더욱 도움이 된다.

② 만약 결혼 후 남편이나 시댁에서 직장생활을 그만두라고 강요한다면 어떻게 하겠습니까?

결혼적령기의 여성 지원자들에게 빈번하게 묻는 질문으로 의견 대립이 생겼을 때 상대방 을 설득하고 타협하는 능력을 알아보고자 하는 것이다. 따라서 남편이나 시댁과 충분한 대화를 통해 설득하고 계속 근무하겠다는 의지를 밝히는 것이 좋다.

③ 여성의 취업을 어떻게 생각합니까?

여성 지원자들의 일에 대한 열의와 포부를 알고자 하는 질문이다. 많은 기업들이 여성들 의 섬세하고 꼼꼼한 업무능력과 감각을 높이 평가하고 있으며, 사회 전반적인 분위기 역 시 맞벌이를 이해하고 있으므로 자신의 의지를 당당하고 자신감 있게 밝히는 것이 좋다.

④ 커피나 복사 같은 잔심부름이 주어진다면 어떻게 하겠습니까?

여성 지원자들에게 가장 난감하고 자존심상하는 질문일 수 있다. 이 질문은 여성 지원자 에게 잔심부름을 시키겠다는 요구가 아니라 직장생활 중에서의 협동심이나 봉사정신, 직 업관을 알아보고자 하는 것이다. 또한 이 과정에서 압박기법을 사용해 비꼬는 투로 말하 는 수 있는데 이는 자존심이 상하거나 불쾌해질 때의 행동을 알아보려는 것이다. 이럴 경 우 흥분하여 과격하게 답변하면 탈락하게 되며, 무조건 열심히 하겠다는 대답도 신뢰성이 없는 답변이다. 직장생활을 위해 필요한 일이면 할 수 있다는 정도의 긍정적인 답변을 하 되, 한 사람의 사원으로서 당당함을 유지하는 것이 좋다.

(7) 지원자를 당황하게 하는 질문

① 성적이 좋지 않은데 이 정도의 성적으로 우리 회사에 입사할 수 있다고 생각합니까?

비록 자신의 성적이 좋지 않더라도 이미 서류심사에 통과하여 면접에 참여하였다면 기업에서는 지원자의 성적보다 성적 이외의 요소, 즉 성격·열정 등을 높이 평가했다는 것이라고 할 수 있다. 그러나 이런 질문을 받게 되면 지원자는 당황할 수 있으나 주눅 들지 말고 침착하게 대처하는 면모를 보인다면 더 좋은 인상을 남길 수 있다.

② 우리 회사 회장님 함자를 알고 있습니까?

회장이나 사장의 이름을 조사하는 것은 면접일을 통고받았을 때 이미 사전 조사되었어야 하는 사항이다. 단답형으로 이름만 말하기보다는 그 기업에 입사를 희망하는 지원자의 입장에서 답변하는 것이 좋다.

③ 당신은 이 회사에 적합하지 않은 것 같군요.

이 질문은 지원자의 입장에서 상당히 곤혹스러울 수밖에 없다. 질문을 듣는 순간 그렇다면 면접은 왜 참가시킨 것인가 하는 생각이 들 수도 있다. 하지만 당황하거나 흥분하지 말고 침착하게 자신의 어떤 면이 회사에 적당하지 않는지 겸손하게 물어보고 지적당한 부분에 대해서 고치겠다는 의지를 보인다면 오히려 자신의 능력을 어필할 수 있는 기회로 사용할 수도 있다.

④ 다시 공부할 계획이 있습니까?

이 질문은 지원자가 합격하여 직장을 다니다가 공부를 더 하기 위해 회사를 그만 두거나 학습에 더 관심을 두어 일에 대한 능률이 저하될 것을 우려하여 묻는 것이다. 이때에는 당연히 학습보다는 일을 강조해야 하며, 업무 수행에 필요한 학습이라면 업무에 지장이 없는 범위에서 야간학교를 다니거나 회사에서 제공하는 연수 프로그램 등을 활용하겠다고 답변하는 것이 적당하다.

⑤ 지원한 분야가 전공한 분야와 다른데 여기 일을 할 수 있겠습니까?

수험생의 입장에서 본다면 지원한 분야와 전공이 다르지만 서류전형과 필기전형에 합격하여 면접을 보게 된 경우라고 할 수 있다. 이는 결국 해당 회사의 채용 방침상 전공에 크게 영향을 받지 않는다는 것이므로 무엇보다 자신이 전공하지는 않았지만 어떤 업무도 적극적으로 임할 수 있다는 자신감과 능동적인 자세를 보여주도록 노력하는 것이 좋다.

02 면접기출

1 중소기업진흥공단 면접기출

① 1분 자기소개

② 중소기업이란 무엇인가?

③ 중소기업의 애로사항 세 가지를 말해보시오.

④ 중소기업진흥공단이 하는 일과 역할은?

⑤ SBC가 어떤 단어의 약자인가?

⑥ 중소기업진흥공단에서 업무를 할 때 필요한 덕목 세 가지를 말해보시오.

⑦ 본인이 중소기업의 CEO라면 R&D에 얼마나 투자를 할 것이며, 그 기준은 무엇인가?

⑧ 자신의 전공과 관련해서 알고 있는 중소기업이 있으면 그 회사의 강점에 대해 말해보시오.

⑨ 공기업의 이미지 제고 방안과 효과에 대해 설명하시오.

⑩ 본인의 장단점을 이야기해보시오.

⑪ 업무를 진행함에 있어서 모르는 부분이 있으면 어떻게 하겠는가?

⑫ 지원한 지부가 아닌 다른 지역 지부에 배치되면 어떻게 하겠는가?

⑬ 어려운 사항이나 문제점을 극복한 경험이 있으면 말해보시오.

⑭ 중소기업진흥공단에 입사한 후의 포부를 말해보시오.

⑮ 마지막으로 할 말이 있으면 해보세요.

⑯ 벤처기업의 거품론의 원인은 무엇이라고 생각하는가?

⑰ 중소기업의 발전방향은 무엇이라고 생각하는가?

⑱ 중소기업진흥공단의 중소기업 지원업무가 비시장적이라는 비판에 대해 어떻게 생각하는가?

⑲ 외국인 노동자에 대한 자신의 견해를 말해보시오.

⑳ 경제성장과 사회복지 중 무엇이 우선 되어야 하는가?

㉑ 경제 3주체 중 가장 중요하다고 생각하는 부분은 무엇인가?

㉒ 최근 신용불량자들의 신용을 회복하는 것에 대해 어떻게 생각하는가?

㉓ 요즘과 같이 초저금리 시대에 중소기업 또는 개인들의 대출이 늘어나고 있다. 이렇게 되면 가계 및 기업의 부채가 늘어날 가능성이 있는데 이에 대해 어떻게 생각하는가?

2 공기업 면접기출

① 상사가 부정한 일로 자신의 이득을 취하고 있다. 이를 인지하게 되었을 때 자신이라면 어떻게 행동할 것인가?

② 본인이 했던 일 중 가장 창의적이었다고 생각하는 경험에 대해 말해보시오.

③ 직장 생활 중 적성에 맞지 않는다고 느낀다면 다른 일을 찾을 것인가? 아니면 참고 견뎌내겠는가?

④ 자신만의 특별한 취미가 있는가? 그것을 업무에서 활용할 수 있다고 생각하는가?

⑤ 면접을 보러 가는 길인데 신호등이 빨간불이다. 시간이 매우 촉박한 상황인데, 무단횡단을 할 것인가?

⑥ 원하는 직무에 배치 받지 못할 경우 어떻게 행동할 것인가?

⑦ 상사와 종교·정치에 대한 대화를 하던 중 본인의 생각과 크게 다른 경우 어떻게 하겠는가?

⑧ 타인과 차별화 될 수 있는 자신만의 장점 및 역량은 무엇인가?

⑨ 자격증을 한 번에 몰아서 취득했는데 힘들지 않았는가?

⑩ 오늘 경제신문 첫 면의 기사에 대해 브리핑 해보시오.

⑪ 무상급식 전국실시에 대한 본인의 의견을 말하시오.

⑫ 타인과 차별화 될 수 있는 자신만의 장점 및 역량은 무엇인가?

⑬ 외국인 노동자와 비정규직에 대한 자신의 의견을 말해보시오.

⑭ 장래에 자녀를 낳는다면 주말 계획은 자녀와 자신 중 어느 쪽에 맞춰서 할 것인가?

⑮ 공사 진행과 관련하여 민원인과의 마찰이 생기면 어떻게 대응하겠는가?

⑯ 직장 상사가 나보다 다섯 살 이상 어리면 어떤 기분이 들겠는가?

⑰ 현재 심각한 취업난인 반면 중소기업은 인력이 부족하다는데 어떻게 생각하는가?

⑱ 영어 자기소개, 영어 입사동기

⑲ 지방이나 오지 근무에 대해서 어떻게 생각하는가?

⑳ 상사에게 부당한 지시를 받으면 어떻게 행동하겠는가?

㉑ 최근 주의 깊게 본 시사 이슈는 무엇인가?

㉒ 자신만의 스트레스 해소법이 있다면 말해보시오.

㉓ 방사능 유출에 대한 획기적인 대책을 제시해보시오.

㉔ 고준위 폐기물 재처리는 어떻게 하는 것이 바람직하다고 생각하는가?

서원각과 함께

꿈의 날개를 펴라

기업체 시리즈

한국도로공사　　　　　　국민연금공단　　　　　　공무원연금공단　　　　　　국민건강보험공단